黃金之葉
15

Net and Books 網路與書

十月的教訓

俄國革命一百週年，不論回顧或前瞻都必須讀的一本書。

Уроки Октября

作者：托洛茨基（Л. Троцкий）
譯者：江杰翰
導讀者：周雪舫
責任編輯：冼懿穎
封面設計：許慈力
美術編輯：Beatniks
校對：呂佳真

出版者：英屬蓋曼群島商網路與書股份有限公司台灣分公司
發行：大塊文化出版股份有限公司
台北市 10550 南京東路四段 25 號 11 樓
www.locuspublishing.com
TEL：(02)8712-3898　FAX：(02)8712-3897
讀者服務專線：0800-006689
郵撥帳號：18955675　戶名：大塊文化出版股份有限公司
法律顧問：董安丹律師、顧慕堯律師

總經銷：大和書報圖書股份有限公司
地址：新北市新莊區五工五路 2 號
TEL：(02)8990-2588　FAX：(02)2290-1658
製版：瑞豐實業股份有限公司

初版一刷：2017 年 10 月
定價：新台幣 280 元
ISBN： 978-986-6841-92-7

Printed in Taiwan

俄國革命一百週年，不論回顧或前瞻都必須讀的一本書。

Уроки Октября

十月的教訓

江杰翰 譯
周雪舫 導讀

Л.Троцкий

托洛茨基

十月的教訓

目次

導讀

一九一七俄國革命與一生不斷革命的鬥士托洛茨基

周雪舫（輔仁大學歷史學系教授）

本書《十月的教訓》的作者托洛茨基（Лев Давидович Троцкий, 1879-1940）出生於烏克蘭農村富有猶太人家庭。原姓布隆施泰因（Бронштейн），一九〇二年秋爲了逃離流放地西伯利亞，使用托洛茨基之名的護照，此後一直沿用此名。《十月的教訓》寫於一九二四年九月，爲同年於莫斯科出版《托洛茨基文集》第三卷，即《一九一七：第一部——二月至十月》所作的序文。本書總結十月革命的經驗，希冀他國無產階級了解革命戰略，在黨的領導下爆發革命與奪取政權。

今年適逢俄國十月革命一百週年。一九一七年十月二十五日（新曆十一月七日），信奉馬克思主義的布爾什維克黨（以下簡稱布黨）領導無產階級革命，成功地奪取政權，這是人類歷史上第一個無產階級革命成功的例子。一九三六年，史達林宣布蘇聯已建立起社會主義社會，這又是全世界第一個實行社會主義的國家，是共產主義社會的初級階段，美好的共產主義社會似乎不再那麼遙遠。

依據理論，無產階級革命首先發生在工業發達的資本主義國家，馬克思期望的是法國人開始，德國人繼續下去，而英國人完成它。然而出乎預料的事實：俄國是個工業落後的農業國家。共產主義社會是在資本主義社會的基礎上建設，消滅生產資料私有制，建立一個沒有階級制度、沒有剝削和壓迫的社會。在工業落後的國家如何建立共產主義社會？史達林以快速、高壓和集中的方式建設社會主義社會，造成犧牲者無數、人民失去自由與生活在恐懼當中。在未進入共產主義社會之前，蘇聯於一九九一年十二月二十五日瓦解，獨立後的俄羅斯拋棄了共產主義。

十月革命不可或缺的人物首推列寧，其次就是托洛茨基。今日，十月革命值得紀念嗎？托洛茨基值得研究嗎？

二月革命

一九一七年二月二十三日（新曆三月八日）婦女節，首都彼得格勒（今聖彼得堡）的普提洛夫工廠女工走上街頭，其他工廠約十萬男女工人紛紛響應，呼喊著「給我們麵包」的口號。二十四日，示威工人增加至二十萬人左右，出現「打倒戰爭」和「打倒君主專制」的口號，發生多起襲擊麵包店的事件。二十五日，約三十萬人上街示威，首都工廠幾乎停擺，婦女、大學生和民主派人士也加入示威。二十六日是星期日，示威民眾驟增，沙皇下令在塔夫利達宮開會的國家杜馬（國會）必須解散，並下令首都衛戍部隊鎮壓示威者。當日軍隊向示威者開槍，傷亡的民眾達二百餘人。二十七日，罷工演變爲暴動，工人和士兵聯合占領政府機構、逮捕政府大臣、搶占軍火庫，首都衛戍部隊倒向示威群眾，內閣成員迫於形勢而集體辭職。

杜馬拒絕解散，而在二月二十七日另組「杜馬臨時委員會」以維持首都秩序與執行政府職能。同日，由社會革命黨和孟什維克領導組成彼得格勒工人代表蘇維埃，晚間亦在塔夫利達宮召開第一次代表大會，布黨於較晚時刻獲悉消息後匆忙趕到會場。會議直到次日結束，通過如建立糧食委員會，有權沒收官方儲備的麵粉，決定出版《消息報》作爲蘇維埃的媒介等多項決議。二十八日，首都各團隊選出士兵代表，參加第二天由工人和士兵代表聯合召開的第一次會議，選出十二人組成「執行委員會」。

三月二日凌晨三時五分，尼古拉沙皇簽署退位詔書，由其弟米哈伊爾繼承。清晨，由「工人代表蘇維埃」改稱的「工人和士兵代表蘇維埃」（以下簡稱蘇維埃）向首都軍區發布「第一號命令」，影響遍及全國軍隊。晚間，經與執行委員會妥協後，杜馬臨時委員會組成的「臨時政府」正式成立。三月三日，米哈伊爾拒絕繼承皇位，終結了三百零四年的羅曼諾夫王朝。他將政權轉交給臨時政府，新政府的形式由普選產生的「立憲會議」決定。

二月革命爆發時，列寧流亡國外，史達林身處流放地西伯利亞，托洛茨基則於同年一月初輾轉流亡至紐約，布黨重要領導人不是被關在獄中，就是遠離革命中心的流放地。究竟是誰領導了二月革命？二月革命的性質爲何？

托洛茨基在一九三一年爲其著作《俄國革命史》俄文版所作的序言第一句話即說：

二月革命算是道地的民主革命。政治上它是在兩個民主政黨：社會革命黨和布爾什維克黨的領導下發展起來的。

然而，當時流行的說法是二月革命是自發性的，托洛茨基反對這種看法，在該書第八章「誰領導了二月起義？」引用大量自發性說法的材料，但一一反駁，在最後一段寫道：

領導二月革命的，主要是受到列寧的黨的教育的那些覺悟的與經過鍛鍊的工人們。

雙元政權：臨時政府和蘇維埃並存

臨時政府得到國際上的承認，但是蘇維埃能夠執行一定的政權，形成雙元政權的特殊狀態，無論如何，二月革命實現了民主革命。蘇維埃支持臨時政府建立民主體制，發展工業，認爲目前革命的階段是資產階級民主革命，任務是實行民主共和制而不是社會主義共和國，布黨多數人也支持這種看法。列寧抱持不同的見解，他在四月三日從德國返抵彼得格勒，次日宣布〈四月提綱〉：提出「一切權力歸於蘇維埃」，力主推翻臨時政府，堅持把民主革命轉變爲社會主義革命。

臨時政府並未退出大戰，先後任司法部長、國防部長和總理的克倫斯基（А. Ф. Керенский）仍堅持其在大戰之初的看法：保衛俄國、作戰到底、爭取最後勝利、求取俄國自由。列寧主張結束戰爭。六月三日至八日，全俄工兵代表蘇維埃在彼得格勒召開第一屆（全俄）蘇維埃（代表）大會，占多數的社會革命黨和孟什維克繼續支持五月五日改組的臨時政府，列寧提出發動士兵示威奪取政權的計畫被大會封殺。

沙皇政府在大戰期間動員近一千五百萬人從軍，多數來自農村，導致農村荒蕪，在軍備不足、失敗連連且久戰使得人心厭戰，而列寧主張和平獲得多數士兵的支持。六月十八日，俄軍在奧地利前線發動攻勢先勝後敗，接著是七月二日臨時政府屬於立憲民主黨的保守派四位部長，反對克倫斯基同意烏克蘭自治的要求，憤而辭職造成政府內部分裂，使得「一切權力歸於蘇維埃」的呼聲提高。

七月三日，彼得格勒的士兵和工人展開反對臨時政府的示威遊行，次日，有五十萬人參加示威，高呼「一切權力歸於蘇維埃」。布黨從試圖制止到領導，再到停止示威，此因臨時政府以武力鎮壓群眾，有數百人傷亡，又將列寧爲德國所派的間諜、德軍津貼列寧返國的證件向部隊散發宣傳，軍隊轉而支持臨時政府。五日，臨時政府下令禁止布黨《眞理報》的發行，發布逮捕布黨重要領導人的命令。列寧只好易名隱匿在芬蘭境內；托洛茨基於二十三日被捕入獄。

七月二十六日至八月三日，布黨召開第六次代表大會，確定依靠工人和農民推翻資產階級統治，通過武裝革命取得社會主義革命勝利的方針。此外，大會通過「區聯派」（全名為：統一社會民主主義者區際組織，一九一三年十一月成立）四千多名成員加入布黨，強大了布黨的勢力。托洛茨基一九一七年五月初從美國回到彼得格勒時加入「區聯派」，該組織的目的是聯合布爾什維克和孟什維克在一個黨內。托洛茨基加入布黨表示與列寧的觀點一致，不像之前有許多難以相容的見解。列寧的一些觀點未能獲得黨內重要領導人的支持，因此托洛茨基的加入對列寧的幫助極大。仍在獄中的托洛茨基被選為中央委員。

這裡簡單回顧「俄國社會民主工黨」。該黨成立於一八九八年三月，到了一九〇三年八月分裂，多數派的稱為布爾什維克，以列寧為首；少數派的稱為孟什維克，以馬爾托夫（Ю. О. Мартов）為首，托洛茨基屬於少數派，在一九〇四年九月脫離但未加入布爾什維克。列寧與馬爾托夫的意見分歧，主要是黨內民主和集中化的問題，馬爾托夫主張廣泛的、有彈性的組織，黨員不受嚴格的黨紀束縛；列寧主張集中化，保持黨的堅定性、紀律性和純潔性。一九一二年一月，孟什維克被驅逐出黨，布爾什維克自此成為一個獨立的黨。

克倫斯基於七月八日成為總理，並兼任國防部長，他也是彼得格勒蘇維埃的副主席，七月二十四日與蘇維埃協商後重組內閣。八月十二日至十五日在莫斯科大劇院召開「國事會議」，出席代表涵蓋全國各階層，包含蘇維埃代表，布黨拒絕參加。會議召開時，布黨擬發動罷工示威，雖未實現，但餐廳停業、公車停駛造成不安氣氛。科爾尼洛夫（Л. Г. Корнилов）於七月十八日由克倫斯基任命為總司令，參加了國事會議，會議中保守分子希冀由他遏制蘇維埃。科爾尼洛夫向克倫斯基請求首都衛戍部隊指揮權交由總司令部接管，遭到拒絕後進一步提出宣布首都戒嚴，將軍事權和民權移交總司令部、內閣總辭。克倫斯基下令解除科爾尼洛夫總司令職務，後者拒絕解職，反向首都進軍。九月一日，科爾尼洛夫被捕，叛變遂告結束，克倫斯基宣布俄羅斯爲共和國。

科爾尼洛夫事件扭轉布黨的命運。克倫斯基爲了抵制科爾尼洛夫，獲得布黨武力支援後，釋放獄中所有布黨分子，也包括了托洛茨基。蘇維埃裡的社會革命黨和孟什維克懼怕科爾尼洛夫獲勝，於是與布黨在八月二十八日聯合組成「抵抗反革命委員會」，給予工人武器，七月被取締的「赤衛隊」成爲臨時政府承認的合法組織，此組織受到布黨控制，事件平復後未解散，成爲日後托洛茨基創建「紅軍」（一九一八年二月二十三日成立）的基礎。

科爾尼洛夫事件也促使工人和士兵對社會革命黨和孟什維克產生不滿，八月三十一日，彼得格勒蘇維埃首次出現布黨爲多數，也首次通過一切權力歸於蘇維埃的決議，並指出唯一的出路是建立由無產階級和農民代表組成的政權。九月五日，布黨在莫斯科蘇維埃中也獲得多數，其後，一些大城市的蘇維埃紛紛轉向布黨，托洛茨基又於二十五日當選爲彼得格勒蘇維埃主席，布黨勢力大增。

九月十四日至二十二日，蘇維埃在首都亞歷山德林斯基劇院召開「（全俄）民主會議」，決議再組聯合政府（九月二十五日成立），仍由克倫斯基爲總理。杜馬自選出臨時委員會以來未曾再召開會議，蘇維埃要求廢除以免其掌握權力，協商過後，克倫斯基於十月七日逕行下令解散，並於同日在馬林斯基宮召開「預備國會」，作爲立憲會議前臨時政府的諮詢機構。列寧主張武裝起義奪取政權，托洛茨基支持，布黨在預備國會開幕當天宣讀相關宣言後就退出議場。列寧要求的是一切權力歸於蘇維埃，在此情況下決定提早武裝起義奪取政權。

十月革命前夕

十月初的俄國內外皆危機重重：經濟紊亂加劇、城市糧食的供應減少、罷工頻繁、農民奪取地主的莊園或焚燒宅邸、軍隊遭受新的失敗、德國已在八月二十日攻陷里加，彼得格勒相當危險。十月十日，列寧在中央委員會中指出「武裝起義是不可避免，而且時機已成熟」，遭到卡米涅夫（Л. Б. Каменев）和季諾維也夫（Г. Е. Зиновьев）的反對，列寧認爲一旦發起行動就能獲得歐洲無產階級的支持，反對者不樂觀，不過列寧的起義計畫還是獲得多數委員同意通過。同日，成立了七人組成的中央政治局領導武裝起義，托洛茨基爲成員之一。

十月十六日，爲了阻止克倫斯基準備把親布黨的首都衛戍部隊調往前線，蘇維埃執行委員會正式批准成立革命軍事委員會，作爲保衛首都的機構，旋即掌握了首都衛戍部隊的指揮權。由托洛茨基擔任主席，立即簽署命令，要求謝斯特羅列茨克武器製造廠發放五千支槍給赤衛隊，命令有效。同日，包含彼得格勒蘇維埃代表參加的布黨中央擴大會議，通過武裝起義的決議，只有卡米涅夫和季諾維也夫投反對票。二十三日，掌握了彼得保羅要塞，該要塞在臨時政府成立後由監獄改爲軍火庫，設在其中的火砲正好直指冬宮。

托洛茨基與列寧在十月起義的時間、地點和名義等有不同的看法。托洛茨基主張起義的時間與第二屆蘇維埃大會一致，使之獲有合法性，起義成功後將政權交給蘇維埃；起義地點在彼得格勒；以蘇維埃的名義起義，因爲布黨完全掌控了蘇維埃。列寧主張起義時間在大會召開之前，以免孟什維克無限期拖延蘇維埃大會的召開，故主張立即武裝起義奪取政權；以布黨的名義起義；起義地點在彼得格勒和莫斯科。

十月革命

臨時政府已宣布十一月十二日舉行大選，選出代表參加月底召開的立憲會議。布黨爲爭取蘇維埃合法的地位，決定提前至十月二十五日召開第二屆蘇維埃大會的同日舉行武裝起義。

二十四日清晨，布黨總部斯莫爾尼宮架起大砲和重機槍，召開中央委員會會議，列寧和季諾維也夫仍在通緝中不便公開出面，史達林忙於編輯《眞理報》無暇出席，其餘的十一名中央委員皆出席，對起義做了周密的布置。托洛茨基在會中提議在彼得與保羅要塞成立起義後備總部，此外亦提議分配好每位委員的任務，托洛茨基負責協調指揮。傍晚六時，卡米涅夫雖然反對起義，但參加會議也承擔起義的工作，托洛茨基負責協調指揮。傍晚六時，列寧寫信給黨中央，指出起義就在今晚，幾小時後因不放心而喬裝前往斯莫爾尼宮，抵達時起義已經開始。

二十五日，凌晨二時起至次日清晨六時，赤衛隊和正規團隊迅速占領首都的火車站、郵局、電話局、彼得格勒電報通訊社、國家銀行。這是一場快速、沒有流血與寧靜的革命。上午十一時，克倫斯基乘坐美國使館的汽車離開首都，而由列寧在十時擬定好的〈告俄羅斯公民書〉早已透過電報傳到全國，內載臨時政府已被推翻，政權轉移到蘇維埃和革命軍事委員會等文字。中午一時，起義隊伍包圍了馬林斯基宮。下午二時三十五分，托洛茨基在彼得格勒蘇維埃特別會議上報告：

我以革命軍事委員會名義宣布，臨時政府已經不存在了……衛戍部隊解散了預備國會。

晚間九點四十分，在冬宮內召開內閣會議的閣員未回覆革命軍事委員會發出的最後通牒，於是托洛茨基下令曙光號巡洋艦發出襲擊冬宮的空砲聲，士兵隨即開始攻擊，次日凌晨二時逮捕了所有閣員。

二十五日晚間十點四十分，第二屆蘇維埃大會在斯莫爾尼宮召開，會議中社會革命黨和孟什維克要求組成聯合政府，遭到掌握多數席位的布黨拒絕。由盧納察爾斯基（A. Луначарский）宣讀列寧擬定的〈告工人、士兵和農民書〉，宣布臨時政府已被推翻，各地全部政權一律轉歸工兵農代表蘇維埃。大會通過由列寧起草的〈和平法令〉和〈土地法令〉，並批准產生了工農臨時政府——人民委員會。由列寧當選爲主席，托洛茨基爲外交人民委員，史達林爲民族事務人民委員，盧納察爾斯基爲教育人民委員……等共計十二位全部是布黨的人民委員。

十月革命有個群眾進入冬宮打開酒窖酗酒狂飲的插曲。

在冬宮執勤的軍團喝得爛醉，受命驅散人群的士兵巡邏沒多久之後開始搖搖晃晃，群眾不斷想辦法進入冬宮搶酒，甚而被派來向群眾沖水的消防隊員也喝醉了。私人酒窖也遭殃，街上擠滿了醉倒的士兵，數十人因縱酒死亡，酗酒狂飲持續了幾個星期。教育人民委員盧納察爾斯基坦承：「整個彼得格勒都喝醉了」。托洛茨基說：

革命的詞彙使人們清醒，鼓舞他們對壓迫者鬥爭；而伏特加……又使人們沉睡過去……

於是革命軍事委員會下令所有酒窖主人、酒精和含酒精飲料的製造商須申報藏酒地點，並在頒布專門命令前不得生產酒精和含酒精的飲料，不遵守者移送軍事法庭。人民委員會派軍隊鎮壓搶酒者，打碎和倒空千萬支酒瓶或用炸藥炸毀酒窖，冬宮酒窖收藏名貴的酒總價在五百萬美元以上，也遭到同樣的命運，剩餘的酒被運到喀琅施塔得砸毀。

托洛茨基在《十月的教訓》裡提及列寧掌握了武裝起義的時機，此外，強調黨和領袖的重要性：布黨領導無產階級，列寧堅定一切權力歸蘇維埃和主張進行社會主義革命的信心，而革命行動的完成與數百萬農民軍隊不願繼續作戰攸關至深。托洛茨基是十月革命不可或缺和關鍵性的人物，史達林也稱讚：

所有十月暴動的實際組織工作是在彼得格勒蘇維埃主席托洛茨基同志的直接領導下進行，可以肯定地說，軍隊之迅速走向蘇維埃，以及革命軍事委員會之卓越工作，黨部要特別的和主要的感謝托洛茨基同志。（刊登在《眞理報》，一九一八年十一月六日）

至於二月革命和十月革命的關係，托洛茨基在《俄國革命史》俄文版序言中說明：

整個的實質在於：二月革命只是一個外殼，其中暗藏著十月革命的核心。

不斷革命論

托洛茨基在一九〇五年十月革命期間與帕爾烏斯（А. Л. Парвус）一起提出「不斷革命論」，十二月被捕入獄，在獄中寫《總結與前瞻》（一九〇六年）發揮這個理論。一九二九年流亡土耳其其時寫了《不斷革命論》，一九三〇年在柏林出版，這個理論也是批判史達林「一國社會主義」的基礎。托洛茨基在該書初版序言中指出不斷革命論包含三個方面：

（一）民主革命過渡到社會主義革命的不斷性。一九〇五年，甚至在一九一七年十月革命前夕，多數人（含布黨成員）仍固守著民主革命的成果，認為俄國是個落後的農業國家，革命局限在資產階級革命範圍內，任務是召開立憲會議，發展資本主義和實現政治自由和民主，此需經過漫長的時期才能進行社會主義革命；不斷革命論則指出落後國家只有經過無產階級專政才能走向民主制。

（二）社會主義革命的不斷性。指在長時期的內部鬥爭之中，造成社會關係不斷地除舊換新；經濟、技術、科學、家庭、風俗習慣等各方面都將不斷發生變化，需要進行長時期的改造工作，由此產生了社會主義革命的不斷性。

（三）社會主義革命的國際性。社會主義革命從一國基礎上開始，其維持無產階級革命只能是暫時的狀況。在孤立的無產階級專政下，會被必然產生的內外矛盾所葬送。擺脫這種狀況，只有在一些先進國家的無產階級獲得勝利後才有可能，即一國的革命並非獨立的整體：它只是國際鏈條中的一個環節。所以從一國革命到國際革命是一個不斷的過程。

一九二〇年代托洛茨基與史達林的爭論，主要就是圍繞在「不斷革命論」和「一國社會主義論」的問題上。

十月革命後，托洛茨基一直把希望寄託在西方的革命上，他的不斷革命論就是世界革命，而一國社會主義是與西方隔絕。托洛茨基爲世界革命努力不懈，其浩繁的著作幾乎都是在闡述不斷革命理論，他的革命理論似乎預示了蘇聯的解體。托洛茨基在〈一國建立社會主義嗎？〉（爲《俄國革命史》一書的附錄）一文中提及：

不論俄國革命向前躍進得多麼遠，它對世界革命的依賴性沒有消除，甚至沒有減少。

他視史達林統治之下的蘇聯具有無產階級和資產階級雙重性質，在丹麥演講「十月革命的意義」（一九三二年十一月二十七日）時說：

無論孤立的工人國家的經濟成績如何大，一國社會主義的綱領終歸是小資產階級的烏托邦。

二戰後的蘇聯是個超級強國，唯有它能與美國對峙，其附庸東歐諸國也建立起社會主義社會，蘇聯不再是一國社會主義了，但是整個社會主義陣營仍與西方隔絕，範圍擴大爲多國但實質未變動，依舊非世界革命。

托洛茨基寫於一九三六年八月的《被背叛的革命：蘇聯的現狀及其前途》也是闡述不斷革命理論的著作。他指出，蘇聯乃是介於資本主義和社會主義中間一個矛盾的社會，嚴厲批判史達林將權力集中在一人身上，實行官僚主義，蘇聯的官僚濫用權力，是社會上唯一享受特權和發號施令的階層，官僚摧毀了蘇維埃民主，背叛了革命，也背棄了國際革命。指出蘇聯的前途有兩種可能性，第一種是工人必須打倒官僚，只有革命力量才能剷除官僚。托洛茨基等待的革命始終沒有出現。第二種是資本主義在蘇聯的復辟，謂：

官僚專政之倒台，如果不是新的社會主義政權來代替的話，那一定是迴轉到資本主義關係。

這正是今日俄羅斯的寫照。

一生不斷從事革命的鬥士

托洛茨基十八歲時在敖德薩開始參與革命活動，不久於一八九八年一月被捕入獄，從此過著革命、入獄和流亡的生活。在沙皇政府時期，托洛茨基二次入獄，被關四年；被流放西伯利亞二次達二年之久，兩次都未期滿（第一次四年，第二次爲終身）就成功地逃脫；流亡國外二次，在歐美諸國過了十二年，期間也入獄二次。無論是入獄、流放或流亡期間，托洛茨基不間斷地閱讀大量資料、爲報紙撰稿、演講、寫作和參與革命活動。

十月革命成功了，布黨完全獲得政權，托洛茨基得到列寧的信任與重用，但列寧在一九二三年三月中風後完全失去工作能力，黨中央形成以史達林、季諾維也夫、卡米涅夫爲首的多數派，和以托洛茨基爲首的「反對派」。十月八日，托洛茨基寫信給黨中央委員會，指責黨內缺乏民主與官僚化。

一九二四年一月十四至十五日，黨中央委員會開會，會中譴責托洛茨基的反黨派別活動，其使黨的統一遭受打擊。同月二十一日，列寧逝世，托洛茨基於四月出版《論列寧》一書，文中表達尊敬列寧之外，也提及與列寧對某些事產生分歧的原因，令人感到作者刻意標榜自己。

《十月的教訓》於一九二四年九月出版，印刷量為五千冊，很快便銷售一空，正當大家熱烈討論時，有消息指它被禁了。文中大量引用列寧之語，這是托洛茨基從本書開始與其後的著作大量引用列寧之語，證明自己的觀點與列寧的一致。《十月的教訓》亦指出季諾維也夫和卡米涅夫反對列寧提出的武裝起義，甚而將起義日期公布在報紙上，舊事重提令人覺得托洛茨基別有用心；藉由一九二三年保加利亞和德國起義的失敗，暗指第三國際（又稱共產國際，一九一一年至一九四三年）主席季諾維也夫領導不力；雖未直接點名史達林，但「同志們」有時是指史達林、季諾維也夫、卡米涅夫及其他黨內領導人；文中又強調自己在十月革命中扮演了重要角色，這些都被看作打擊別人和具有接班動機的野心，引起黨內強烈的反應。

一九二四年十月十八日，卡米涅夫率先發表文章批判托洛茨基的言論，其後史達林十一月十九日發表演說跟進，其後至次年一月，多人著文或發表演說指責托洛茨基，引發著名的「列寧主義還是托洛茨基主義？」爭論。

史達林在一九二四年四月一場演講中，還支持一國無法建設社會主義的看法，到了年底批判托洛茨基的不斷革命論時，開始改變了自己的觀點。然而正式開啓一國社會主義的爭論是在一九二五年底，此時的季諾維也夫和卡米涅夫反對史達林的一國社會主義，改與托洛茨基聯合成爲「新反對派」，經過一連串鬥爭後，勝利者唯有史達林。

個人與家族悲慘的結局

托洛茨基堅持不斷革命論，反對一國能建立社會主義，批判史達林極權統治，其代價是：先是被解除革命軍事委員會主席和陸海軍人民委員的職務

（一九二五年一月），接著被開除黨籍（一九二七年十二月），再來是被流放到阿拉木圖（一九二八年一月），最後被判驅逐國境而三度流亡國外。第一站抵達土耳其（一九二九年二月），其後輾轉至丹麥（一九三二年十月）、法國（一九三三年冬）、挪威（一九三五年六月），至一九三七年一月抵達墨西哥，之後定居於此，直至一九四〇年八月二十日在自宅裡被人用冰鎬鑿入後腦，隔日身亡，留下未完成的《史達林評傳》。這起凶殺案與史達林的指派有關。

流亡國外期間，史達林於一九三二年二月褫奪托洛茨基和他第二個妻子謝多娃、兒子謝多夫、女兒齊娜伊達的蘇聯公民權。在此之前，齊娜伊達被允許出國與父親見面，後來前往德國治療肺結核病，治癒後欲回蘇聯而不得。史達林又要求德國政府驅逐她，迫使她選擇自殺身亡（一九三三年），她前後兩個丈夫都死於大整肅（一九三六年、一九三七年）。托洛茨基的第一位妻子索科洛夫斯卡雅死於西伯利亞的集中營（一九三五年），留在蘇聯的兒子謝爾蓋也死在集中營裡（一九三七年）；另一個兒子謝多夫跟隨著他，是他的得力助手，卻在巴黎一家醫院做盲腸炎手術時離奇死亡（一九三八年）。

托洛茨基的配偶和子女沒有被史達林追殺的是：留在蘇聯的次女妮娜，死於肺結核病（一九二八年），她的丈夫死於大整肅（一九三七年）；一九〇三年再婚的妻子謝多娃，她在一九六〇年離開墨西哥遷居巴黎，兩年後去世。

即使被驅逐出境身處異國不安定的生活當中，托洛茨基仍然不停地從事寫作闡述其革命理想，留下來的著作只能以浩繁二字形容。由史達林控制的第三國際並非托洛茨基實行不斷革命理想的國際共產機構，於是在一九三八年九月於巴黎成立「第四國際」（又稱世界社會主義革命黨）。他爲第四國際成立大會所做的英文講詞，在十月的紐約「社會主義工人黨」大會上播出，提到：

我們的目標，是通過社會主義革命，令勞動者和被剝削者獲得全面的物質解放和精神解放。

第四國際於二〇一〇年二月在比利時召開第十六次世界大會，有六十個國家代表參與，其對世界有一定的影響力。

托洛茨基在一九四〇年二月二十七日寫的遺囑中說，終其一生，在十七八歲以後四十三年的自覺生命中，一直保持是個革命者，對於人類共產主義前途的信念，愈是年長、愈是堅定。遺囑最後寫道：

人生是美麗的。讓未來的一代清除所有的邪惡、壓迫和暴力，盡情地享受人生吧。

這是他的理想，就以這句話爲本文畫上休止符。

十月的教訓（代序）[1]

1 譯註：〈十月的教訓〉（Уроки Октября）是一九二四年托洛茨基為《文集》（*«Сочинения»*）第三卷——《一九一七：第一部——二月至十月》（*«1917. Часть 1. От Февраля до Октября»*）——所作之序文。

I 必須研究「十月」

我們在十月革命（Октябрьская революция）中幸運成功，但就出版而言，十月革命就不大好運了。時至今日，我們仍然沒有任何一部著作，能夠呈現十月政變（переворот）的大致情形，指出其政治與組織上最關鍵的重點。不僅如此，甚至連直接說明政變的準備工作和政變本身的各個方面的第一手資料——而且還是最重要的檔案——至今都尚未出版。關於十月革命之前的時期，我們出版了許多革命史與黨史的檔案和資料；關於十月革命以後的階段，我們出版的資料也不在少數。然而，對於「十月」（Октябрь）的關注則少得太多。在政變達成之後，我們好像認定，無論如何，將來都沒有再重複的必要。我們似乎以爲，研究「十月」、其直接的準備、實現以及鞏固階段最初幾週的各種情況，對後續建設的迫切任務將不會有任何直接的益處。

然而，如此的評價——即使不見得是有意的——不僅大錯特錯，而且在國族上太過狹隘。就算我們無需重複十月革命的經驗，也絕不表示我們不能從中學習。我們是「國際」的一分子[2]，而其他各國無產階級的「十

2 譯註：「國際」（Интернационал）指共產國際（Коммунистический интернационал）。共產國際又稱「第三國際」（Третий интернационал），由列寧發起，一九一九年三月創立於莫斯科，是共產主義政黨的國際聯合組織，於一九四三年六月解散。

月」任務皆仍有待解決。過去一年，我們有相當令人信服的證據，足以說明，即便是西方較爲成熟的共產政黨，也未能完全吸收我們的十月經驗，甚至對其事實方面全然無知。

的確，有人會說，研究「十月」、出版相關的資料必然會挑起往日的分歧。然而，這樣的觀點根本不值得一提。一九一七年的意見分歧的確深刻，而且絕非偶然。不過，在多年之後，如今若試圖以此作爲武器，攻擊當時犯了錯的人，也未免太過低劣。倘若因爲微不足道的個人考量，而對十月政變最重要的、具有國際意義的問題沉默不語，就更令人無法容忍了。

過去一年，我們在保加利亞遭遇了兩次慘重的失敗：首先，黨因爲固守教條、宿命論的思維，錯失了革命行動的絕佳時機（詹科夫六月政變[3]之後的農民起義）；然後，黨爲了修正錯誤，投入九月的起義，卻未能完備政治和組織上的先決條件。保加利亞的革命應該成爲德國革命的序曲。不幸的是，保加利亞糟糕的序曲在德國本土的發展更是惡劣。去年下半年，我們在那裡見到了經典的例子：如何錯過絕無僅有、具有世界歷史意義的革命情況。相同地，去年保加利亞和德國的經驗至今仍未得到夠完整、夠具體的評價。針對德國的事件發展，本書作者在去年已經做了概略的論述[4]。後續發生的一切皆證實了該論述完全正確。除此之外，再也沒有任何人嘗試過提出其他的說法。然而，概述是不足的。關於去年在德國發生的事件，我們需要確切且包含豐富事實資料的圖像，才能非常具體地解釋極爲慘重的歷史性挫敗的原因。

3 譯註：亞歷山大·佐洛夫·詹科夫（Александр Цолов Цанков, 1879-1959）為保加利亞經濟學者、政治領袖，是一九二三年六月政變的關鍵人物。推翻斯塔姆博利伊斯基（Стамболийский）政府之後，詹科夫出任首相，領導「民主同盟」（Демократический сговор），強力打壓國內共產勢力。

4 見《東方與西方》（*«Восток и Запад»*）中〈轉捩點〉（На повороте）與〈我們正經歷的階段〉（Через какой этап мы проходим）二章。（編按：本書中未特別標明「譯註」之註解皆為原註）

不過，由於至今仍然未能掌握十月政變在政治和策略方面的細節，我們很難分析在保加利亞和德國發生的事件。我們自己都尚未釐清我們達成了什麼，又是如何辦到的。在「十月」之後，一陣情緒激昂，彷彿歐洲的事件都會自然發展，而且如此匆促，以至於沒有時間在理論上吸收十月的教訓。然而，若少了能夠領導無產階級政變的黨，這次政變根本不可能發生。無產階級無法藉由自發的起義取得政權：就連在工業、文化高度發展的德國，一九一八年十一月勞動者的自發起義也僅只將權力轉交到了資產階級手上[5]。有產階級之所以能夠掌握自另一個有產階級手中奪得的政權，仰賴的是自身的財富、「文化素養」（культурность），以及與舊的國家機器之間無法盡數的關係。而對於無產階級來說，其政黨無可取代。一九二一年中，各共產政黨成形、建設的階段才眞正開始[6]。「十月」的任務推遲了，關於「十月」的研究也跟著退到一邊。過去一年，我們才又再度面臨無產階級政變的任務。該是收集全部的文件，出版所有的資料，並且著手研究的時候！

當然，我們知道，每個民族（народ）、階級，甚至每個黨派，大都從自身的慘痛經驗中學習。但是，這絕不代表其他國家、階級和黨派的經驗無關緊要。少了對法國大革命、四八年革命[7]和巴黎公社的研究，即使具備一九〇五年的經驗，我們也永遠無法實現十月政變。畢竟，我們也是憑藉著過往革命的總結，延續其歷史路線，才成就了我們的這個「民族」經驗。接著，在反革命時期，人們始終致力研究一九〇五年的教訓和結

5 譯註：德國十一月革命指一九一八至一九一九年間的革命衝突。一系列事件導致德意志帝國威廉二世（Вильгельм II, 1859-1941）政權被推翻，促成威瑪共和（Веймарская республика）的建立。

6 「為大眾而奮鬥」（борьба за массы）、「統一陣線」（единый фронт）等等。

7 譯註：指一八四八年的革命浪潮。一八四八至一八四九年間，在義大利、法國、德國、奧地利等歐洲各國相繼爆發革命，史稱「民族之春」。

果。然而，對於一九一七年成功取得勝利的革命，我們卻沒有做這樣的工作，甚至未及其十分之一。的確，我們所面對的既不是反動的年代，亦非流亡的處境。但今日我們所能支配的力量和資源絕對不是那艱苦的年代所能相比。我們必須做的，不過是清楚而明確地將研究十月革命訂定爲黨和整個「國際」規模的任務。全黨——尤其年輕一代——都必須循序漸進地研究「十月」的經驗。這個經驗是對過去偉大而不容質疑、反駁的審視，敞開通往未來的大門。去年德國的教訓不只是重要的提醒，更是嚴肅的預警。

是的，有人會說，即使非常認眞地研究了十月政變的過程，也不能確保我們在德國的黨獲得勝利。但這般毫無根據的說法本質上是庸俗的空談，無法使我們前進一步。的確，光是研究十月革命不足以爲其他國家取得勝利，不過，有時候，一切的先決條件皆已齊備，獨缺目光遠大、有決心、明白革命的規律和方法的黨的領導。去年在德國的狀況即是如此。這樣的情形也可能在其他國家再度發生。若想要研究革命的規律和方法，在現階段，沒有比十月的經驗更重要、更深刻的材料了。倘若歐洲各個共產政黨的領導者未能批判地研究十月政變的歷史，檢視所有的具體細節，就如同軍事指揮官在當今的狀況下準備迎接新的戰爭，卻不研究最近一次帝國主義戰爭中戰術、策略和技術方面的經驗。這樣的指揮官將來必定會使部隊遭受失敗。

黨是無產階級革命最基本的工具。就我們的經驗——即便只考量一九一七年二月至一九一八年二月的一年時間——以及在芬蘭、匈牙利、義大利、保加利亞、德國的附加經驗而言，可以判定，在由革命的準備工作轉向對政權的直接爭奪的過渡階段，黨的危機無法避免。這幾乎是不容爭議的定律。一般來說，每當黨的路線面臨重大的轉捩點，危機便會出現

——不論是作爲轉折的序曲，或其後果。這是因爲在黨的發展過程中，每個時期都有其特殊之處，需要一定的運作技能和方法。策略的轉向意味著在這些技能和方法上或大或小的斷裂，這就是黨內摩擦和危機最直接的根源。列寧於一九一七年七月寫道：

面臨歷史驟變，即便是先進的政黨，往往也要經歷一段或長或短的時間，無法掌握新的局面，重複過去正確、但今日已經不具任何意義的口號。這些口號「突然」失去了意義，正如同歷史的劇變之「突然」發生。[8]

危險亦由此而來：如果轉變太過劇烈或迅速，而在前一個階段，黨的領導機構內又累積了太多因循保守的消極分子，那麼縱使準備工作已經持續了數年或數十年，黨也無法在最緊要的關頭實現其領導。黨爲危機所摧殘，而運動則從旁經過——步向失敗。

革命政黨必須承受來自其他政治勢力的壓迫。在發展的每個階段，黨總是尋求與之抗衡、反擊的方法。當黨面臨策略上的轉折，內部因而發生重組和摩擦，反抗的力量便會削弱。所以，因應策略改變之必要而生成的黨內團體經常可能遠遠逾越其出發點，成爲各種階級傾向的支柱。簡而言之，如果政黨無法與自身階級的歷史任務一齊前進，便會成爲——或有可能成爲——其他階級的間接武器。

若就每個重要的策略轉變而言，以上的論述正確無誤，那麼這樣的觀點也就更加適用於大的戰略轉變。政治上的策略（тактика），如同軍事

8 第十四卷，第二部，第十二頁。

上的概念，我們指的是主持個別行動的技術；而戰略（стратегия）則是取勝——亦即掌握政權——的藝術。戰前，在第二國際[9]時期，我們通常不大區分上述的差異，只局限於社會民主策略[10]的概念。這並非偶然——社會民主包含議會、工會、市政府、合作社等策略。至於整合一切力量和資源——各式軍力——以求克敵制勝的問題，事實上並不在第二國際時期的考量之內，畢竟當時爭取政權並未成爲實際的任務。在長時間的間隔之後，一九〇五年革命才首先使無產階級鬥爭的根本或戰略問題浮上檯面。如此一來，這場革命爲俄國的革命社會民主人士——即布爾什維克[11]——確保了極大的優勢。一九一七年，革命戰略的大時代開始了，最初在俄羅斯，接著遍及整個歐洲。當然，戰略不會將策略排除在外：工會運動、議會工作等問題也並未從我們的視野消失，而是有了新的當代意涵——成爲取得政權的綜合鬥爭中的從屬方法。戰略凌駕在策略之上。

若說策略的轉向往往導致黨內的摩擦，那麼因戰略改變而引發的衝突該是多麼強烈而深刻啊！最急遽的轉折便是，當無產階級政黨自準備、宣傳、組織與煽動，轉而投入政權的直接爭奪和對抗資產階級的武裝起義，黨內所有猶豫不決的、懷疑的、妥協的、屈從的——孟什維克[12]的——都

9 譯註：第二國際（Второй интернационал）即社會主義國際（Социалистический интернационал），一八八九年創立於巴黎，是社會主義政黨的國際聯合組織。一九一六年，由於第一次世界大戰的動盪和內部的意見分歧，該組織宣告解散。

10 譯註：廣義而言，社會民主（социал-демократия）泛指十九世紀末、二十世紀初形成的社會主義政治思想，主張藉由民主改革，實現社會主義的理想。

11 譯註：布爾什維克（большевики）是俄羅斯社會民主工黨的黨派之一。「布爾什維克」本意為「多數派」。在一九〇三年的第二屆代表大會上，列寧的支持者在中央組織的選舉中取得多數優勢，因而得名。另一方面，尤里．奧西普維奇．馬爾托夫（Юлий Осипович Мартов, 1873-1923）及其支持者則自稱「孟什維克」（меньшевики），即「少數派」。兩方在組織形式、革命策略和政治立場上多有分歧。值得一提的是，此處之「多數」、「少數」僅是就上述的特定情況而言。事實上，在革命階段，兩派皆未能取得真正穩固的多數優勢。

12 譯註：見註11。

會起來反對起義，爲自己的反對立場找尋理論說法。他們會在昔日的對手——那些機會主義者——那裡找到現成的論述。我們將不只一次目睹這樣的現象。

二月至十月期間，黨以對群眾極爲廣泛的煽動與組織工作爲基礎，在關鍵的戰役前夕，最後一次審視、選擇武器。在十月間以及十月以後，這項武器在偉大的歷史行動中通過了考驗。如今，在「十月」之後，幾年過去，評價關於一般的革命——包括俄國革命在內——的不同觀點，卻又迴避一九一七年的經驗，就像研究徒勞無益的經院哲學，而絕非馬克思主義的政治分析。如此的作爲無異於練習爭論各種泳式的長處，卻怎麼也不看看河裡正在以那些方法游泳的人們。檢視革命觀點最佳的方式莫過於在革命中實踐——正如同驗證游泳方法最好的機會，便是當泳者躍入水中之時。

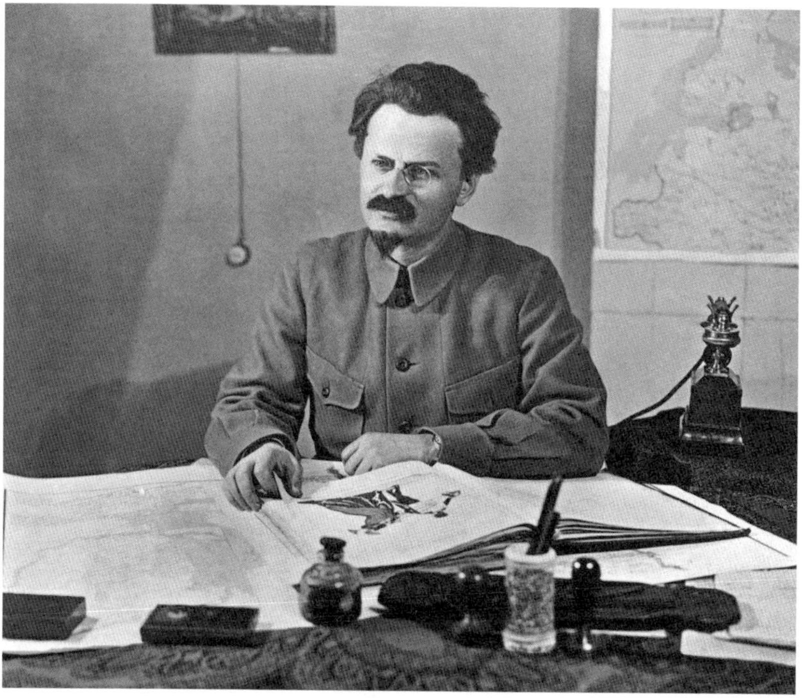

托洛茨基，攝於 1925 年，約於《十月的教訓》出版後不久。（Wikimedia Commons / Public Domain）

「工農民主專政」[13]：「二月」與「十月」

十月革命的過程和結果給了馬克思主義經院哲學式的拙劣仿作無情的一擊。這樣的仿作在俄羅斯的社會民主團體之間廣爲流傳，在一定程度上始於勞動解放社[14]，並由孟什維克集其大成。這種僞馬克思主義（лже-марксизм）的本質，在於將馬克思有條件、有所限制的想法——「先進國家爲落後國家展示未來發展的樣貌」理解爲絕對而且——以馬克思的話來說——超歷史的法則（сверх-исторический закон），並且企圖以此作爲勞工階級政黨的策略基礎。從這樣的角度看來，在經濟發展較爲先進的國家創建「先例」（прецедент）之前，自然也就不可能談論俄國無產階級爭取政權的問題了。當然，毋庸置疑的是，每個落後國家都能在先進國家的歷史中找到自己未來的**某些**特點，但絕對說不上完全重複其發展過程。相反地，隨著資本主義經濟在世界上愈來愈普及，落後國家結合了自身的落後性質與資本主義發展的最新成就，其命運也就愈來愈獨特。恩格斯在

13 譯註：工農民主專政（демократическая диктатура пролетариата и крестьянства）是列寧提出的政治主張。列寧認為，只有貫徹工農民主專政，俄國革命才能成功。換言之，無產階級必須結合、領導農民的力量，才能實現革命的理想。

14 譯註：勞動解放社（Освобождение труда）是俄羅斯的第一個馬克思主義團體，一八八三年創立於日內瓦。重要成員包括格奧爾基·瓦連欽諾維奇·普列漢諾夫（Георгий Валентинович Плеханов）等人。該組織積極譯介馬克思主義思想，促成俄羅斯社會民主工黨的成立，對俄國革命影響甚鉅。

《農民戰爭》[15]的序言中寫道：

在某個時刻——**在各個地方並不一定同時到來，亦非在同一個發展的階段到來**——資產階級開始發現，其無產階級同伴已經超越了自己。

歷史的發展迫使俄羅斯的資產階級比在其他任何地方的資產階級更早、更全面地察覺到這個現象。早在一九〇五年前夕，列寧便已經提出「工農民主專政」的說法，定位了俄國革命的特殊之處。如後續的一切發展所示，這樣的說法本身只有在作爲朝向無產階級憑藉著農民的支持實行社會主義專政的階段才有意義。列寧的觀點革命性與動能十足，徹底與孟什維克的構想相衝突。孟什維克認爲，俄羅斯只能重複先進民族的歷史，亦即資產階級掌權，社會民主派制衡。然而，在黨內某些圈子裡，人們不將重點放在列寧的說法中無產階級和農民的**專政**，而強調其與社會主義性質對立的民主**特徵**。這又再一次意味著：在俄羅斯，正如在其他落後的國家，只可能發生民主革命。社會主義革命必然始於西方。在社會主義的道路上，我們只能跟隨英國、法國、德國的腳步。不過，這樣的假設難免落入孟什維克的思維。上述現象在一九一七年完全展現出來。當時，革命的任務已經不在於預測，而在於行動。

在革命的現實環境之中，堅持實現完全的民主而**反對**「言之過早的」社會主義——這樣的論述即是在政治上自無產階級立場轉向小資產階級立

---

15 譯註：指恩格斯的《德國農民戰爭》（*«Крестьянская война в Германии»*）。在書中作者研究十六世紀德國的農民戰爭，並對照一八四八至一八四九年間的革命事件。

場（мелко-буржуазная позиция），轉向國家革命的左翼位置。

二月革命——倘若將之視爲一場獨立的革命——是資產階級的革命。但作爲資產階級革命，二月革命來得太遲，而且毫無穩定性可言。種種矛盾立即在雙元政權[16]之中體現出來，使革命分崩離析。這場革命或將成爲無產階級革命直接的序曲——而事實上即是如此——或將在某種資產階級寡頭制度下，使俄羅斯陷入半殖民狀態。因此，二月政變之後的時期可以從兩方面檢視：作爲「民主」革命的鞏固、發展或實現階段，抑或是無產階級革命的準備階段。不只有孟什維克、社會革命黨人[17]抱持第一種立場，甚至連本黨的某些領導人物亦作如是想。差異在於，後者確實曾經企圖將民主革命盡可能往左推。然而，他們的方法在本質上完全相同：對統治的資產階級「施壓」（давление），同時注意施加的壓力不逾越資產階級民主制度的界限。假使這個政策占了上風，革命的發展便會繞過我們的黨。

最終，我們會見到勞工與農民群眾在缺乏黨的領導的情況下起義。換言之，我們將重蹈七月事件[18]的覆轍，而且是極大的規模——也就是說，不再是事件，而是災難。

顯而易見的是，這樣的災難會直接導致黨的敗亡。意見分歧之深，由此可知。

---

16 譯註：雙元政權（двоевластие）指一九一七年二月革命之後，取代沙皇帝制的臨時政府（Временное правительство）和蘇維埃組織並存分治、互相競爭的政權狀態。

17 譯註：社會革命黨（Партия социалистов-революционеров，黨員簡稱 эсеры）創立於一九〇二年，主要繼承民粹派的政治思想，是二十世紀初極具影響力的政黨，在俄國革命中扮演關鍵角色。

18 譯註：七月事件（Июльские дни）指一九一七年七月間發生於彼得格勒的反臨時政府事件。工、兵和水手群眾對俄軍在前線的挫敗和國內的困頓情況深感不滿，上街示威，要求終止戰爭、「一切權力歸於蘇維埃」。布爾什維克和無政府主義團體亦參與其中。臨時政府以武力鎮壓，抗議活動遂演變為大規模的流血衝突。與此同時，克倫斯基指控布爾什維克受德國政府支援，企圖顛覆政權，托洛茨基等人遭逮捕入獄，列寧隱身地下，隨後潛逃芬蘭。七月事件凸顯了雙元政權的衝突和臨時政府的危機，對俄國革命的發展有極大的影響。

1917 年 2 月 23 日（新曆 3 月 8 日）婦女節，彼得格勒的普提洛夫工廠（Путиловский завод）女工走上街頭，其他工廠約十萬男女工人紛紛響應，呼喊著「給我們麵包」的口號。（Wikimedia Commons / Public Domain）

1917 年春，尼古拉沙皇（中坐者）簽署退位後，與家族避至彼得格勒郊區的沙皇村。
（Royal Collection Trust/© Her Majesty Queen Elizabeth II 2015 / Public Domain）

當然，孟什維克和社會革命黨人在革命初期的影響並非偶然，而是反映了人民之中小資產階級——以農民爲主——群眾的人數之多，以及革命本身的不成熟。在戰爭所導致的極爲特殊的條件之下，正是因爲革命尚未成熟，小資產階級革命分子取得了領導的地位，又或者說，至少是表面上的領導地位——他們捍衛著資產階級政權的歷史權力。但這絕不表示，俄國革命只能踏上它在一九一七年二月至十月走的那條道路。這道路不只取決於階級關係，更要歸因於戰爭所造成的暫時狀態。因爲戰爭，農民被組織、武裝，成爲數以百萬計的軍隊。無產階級還來不及在自己的旗幟下組織起來，以領導鄉村的民眾，小資產階級革命分子已經在被戰爭激怒了的農民軍隊之中找到了自然的依靠。這支數百萬大軍的力量足以直接支配一切，而小資產階級革命分子便是憑藉著這股力量壓迫無產階級，並在最初的階段將之收編旗下。在相同的階級基礎上，革命的進展也能有所不同——在戰爭之前發生的事件即是最佳的證明。一九一四年七月，革命罷工震撼了彼得格勒，情勢甚至演變爲公開的街頭衝突。在這場運動之中，地下組織和本黨的合法報刊掌握了絕對的領導權。布爾什維克主義在與取消主義[19]和一般小資產階級政黨的直接對抗中鞏固了自身的影響力。運動的後續進展最主要意味著布爾什維克政黨的茁壯。一九一四年的勞工代表蘇維埃[20]——假如事態發展到蘇維埃的話——最初很有可能就是布爾什維克的。使鄉村覺醒的工作則會直接或間接由布爾什維克領導的城市蘇維埃

19 譯註：列寧以「取消主義」（ликвидаторство）稱俄羅斯社會民主工黨在一九〇七至一九一〇年間出現的反動政治傾向。受到一九〇五至一九〇七年間革命失敗的影響，取消派反對革命起義，主張回歸改良主義路線。一九一九年，列寧在〈取消取消主義〉（Ликвидация ликвидаторства）一文中寫道：「就思想上而言，狹義的取消主義——孟什維克的取消主義——在於否認整體社會主義無產階級的革命階級鬥爭，尤其否認無產階級在我們的資產階級民主革命中的領導地位。」他並堅持：「唯有堅決取消取消主義，本黨才能前進。」

20 譯註：「蘇維埃」（Совет）即「代表會議」。

指揮。這並不必然意味著，社會革命黨人一定會立刻從鄉村中消失；不，農民革命的第一階段十之八九會在民粹派[21]的旗幟下進行。然而，從上述的事件發展看來，民粹派將不得不推進其左翼，以求在城市裡與布爾什維克蘇維埃結盟。在這樣的情況之下，起義的直接結局當然也會首先取決於和農民有關的軍隊的心緒與行爲。若戰爭沒有爆發，且未在事件發展的鏈條中加入巨大的新環節，一九一四至一九一五年的運動是否能夠獲得勝利——不可能、也沒有必要在事後猜測。然而，許多證據指出，如果勝利了的革命是走上由一九一四年七月的事件開始的道路，推翻沙皇帝制很可能會直接導致革命勞工蘇維埃取得政權。這些蘇維埃（在最初！）將會藉由民粹派左翼將農民群眾引上其軌道。

戰爭中斷了發展中的革命運動，先是暫緩，接著又大幅加快了它的速度。戰爭透過數以百萬計的軍隊爲小資產階級政黨建立了絕佳的（——

不僅是社會的，更是組織的——）基礎。畢竟，農民的特徵就在於此：他們的人數眾多，但即便是在具備革命意識的情況之下，仍然難以被轉化爲有組織的基礎！小資產階級政黨站在現成的組織——即軍隊——的肩膀上，使無產階級爲之懾服，並以護國主義[22]蒙蔽了他們。也正因此，列寧在第一時間便激烈地反抗「工農民主專政」的舊口號。在新的環境下，這個主張意味著將布爾什維克黨轉化爲護國主義聯盟的左翼。列寧

21 譯註：民粹運動（народничество）始於一八六〇、七〇年代，繼承亞歷山大·伊凡諾維奇·赫爾岑（Александр Иванович Герцен）和尼古拉·加夫里諾維奇·車爾尼雪夫斯基（Николай Гаврилович Чернышевский）等人的思想，特別重視社會與人民、農村的連結，因而得名。民粹思想涉及的範圍極廣。基本上，其支持者反對資本主義的發展，主張透過公社、勞動組織等途徑實現社會主義的理想。十九世紀後半葉，「土地與自由」（Земля и воля）等民粹派組織蓬勃發展，對俄國革命有相當深遠的影響。

22 譯註：護國主義（оборончество）是一九一七年二月革命之後出現的政治傾向。支持者大都為孟什維克和社會革命黨人，主張基於捍衛祖國的理由擁護臨時政府，支持延續戰爭，以求勝利。

認爲，主要的任務是使無產階級的先鋒脫離護國主義的泥淖。唯有在這樣的條件之下，無產階級才能——在下一個階段——成爲集合鄉村勞動群眾的核心。不過，如此一來，應該如何看待民主革命，或者更精確地說，工農民主專政呢？列寧不留情面地反擊那些「老布爾什維克」（старые большевики）。他說，

> 他們已經不只一次在本黨的歷史中扮演可悲的角色，重複毫無意義的**陳腔濫調**，而不研究新的、活生生的現實的獨特之處。
>
> 必須向新的現實學習，而非固守舊的方法。[23]

列寧提問：

卡米涅夫同志[24]的老布爾什維克說法——「資產階級民主革命尚未完成」——是否包含這個現實呢？

他回答：

不，這樣的說法過時了，毫無用處，是死的，而使之復活的努力都不過是徒勞而已。[25]

---

23 H．列寧（Ленин），《文集》（*«Собрание сочинений»*），第十四卷，第一部，第二十八頁。（譯註：「H．列寧」為弗拉基米爾．伊里奇．烏里揚諾夫（Владимир Ильич Ульянов）——列寧——的化名之一。）

24 譯註：列夫．鮑里索維奇．卡米涅夫（Лев Борисович Каменев, 1883-1936）是革命者、布爾什維克政治家，和列寧、托洛茨基等人同為首任政治局（Политбюро）委員，曾任全俄中央執行委員會主席。一九三六年，在史達林主導的「第一次莫斯科審判」中卡米涅夫被判有罪，隨後遭到槍決，一九八八年才終於獲得平反。

25 H．列寧，《文集》，第十四卷，第一部，第二十三頁。

的確，列寧有時也說，在二月革命的最初階段，勞工、軍人與農民代表蘇維埃[26]**在某些程度上**落實了勞工與農民的革命民主專政。只有當這些蘇維埃完全實現了政權，這樣的說法才算正確。但列寧不只一次說明，二月革命時期的蘇維埃不過實現了二分之一的權力（полувласть）。他們支持資產階級政權，對政權施加半反對派的「壓力」。正是在這樣模稜兩可的狀態下，他們得以不逾越勞工、農民與軍人民主聯盟的框架。就統治形式而言，這個聯盟——因爲並非倚賴受妥善規範的政府關係，而是武裝力量和直接的革命裁決——傾向專政，不過在程度上卻又差了一些。正是勞工、農民和軍人半政權聯盟如此的民主不確定性，導致了妥協派蘇維埃的不穩定。他們或應該消失，或應該實實在在地掌握政權。然而，他們不能透過由各個黨派所代表的工農聯盟奪取政權，而應該以無產階級專政的形式，在統一的政黨的指揮之下，從農民之中的半無產階級階層開始領導農民群眾。換言之，工農民主聯盟僅只是不成熟、未能眞正取得政權的形式——是一種傾向，而非事實。邁向政權的後續運動勢必得破除民主的外表，迫使大多數的農民不得不跟隨勞工的腳步，賦予無產者實現階級專政的機會，並且藉此——在社會關係徹底而極端激進地民主化的同時——將勞工政府對資本主義財產所有權純粹的社會主義干涉排入議程。在這樣的情況下繼續堅持「民主專政」原則的人，事實上無非是棄絕了政權，並且將革命領上絕路。

一切問題的核心爭議在於：是否應該爲了政權而奮鬥？是否要爭取政權？光是這一點就已經表明，我們所面對的並非偶然的意見分歧，而

26 譯註：二月革命之後，無產階級代表在全國各地組織工兵與農民代表蘇維埃（Совет рабочих, солдатских и крестьянских депутатов），作為工農專政的政權機關。

是兩種攸關重大原則的傾向。其中之一，最主要的，是無產階級的傾向，指向世界革命的道路；其次則是「民主的」，也就是小資產階級的傾向，最終將會使無產階級政治屈從於改革中的資產階級社會的需求。一九一七年間，在所有的重要問題上，這兩種傾向總是敵對地互相衝突。正是在革命的年代，當政黨直接將其積蓄的資本投入流通的時候，必須揭示、彰顯這樣的意見分歧。在所有國家的革命時期，這兩種傾向將會不只一次出現——只不過程度或大或小，或者略有差別。若直探布爾什維克主義的核心，視之爲無產階級先鋒以武力取得政權的教育、鍛鍊和組織；若將社會民主主義理解爲資產階級社會內的改良主義[27]反對活動，以及對資產階級社會合法性的遷就——亦即藉由實際的教育，使群眾認可資產階級政府之不可動搖——那麼一切都非常清楚，即便是在共產黨內，在直接革命時期，當人們必須直截了當地面對政權問題，社會民主傾向和布爾什維克主義之間的鬥爭必定會最突出、最公開、最爲赤裸地表露出來。畢竟，共產黨並不是才從歷史的熔爐中誕生就已經完備的。

* * *

直到四月四日，也就是在列寧抵達彼得格勒之後[28]，爭取政權才成了黨的重要任務。然而，即便是自那時候起，黨的路線也並非完整、一致、

27 譯註：改良主義（реформизм）的立場主張修正現有的制度，推動漸進的改革，反對激進的顛覆和革命。

28 譯註：列寧在一九一七年四月三日晚間從德國乘坐火車，經由芬蘭抵達彼得格勒的芬蘭車站（Финляндский вокзал）。第二天中午，他參加布爾什維克代表會議，提出主張「一切權力歸於蘇維埃」的〈四月提綱〉。

無人質疑。縱使有了一九一七年四月會議[29]的決議，對革命路線的阻撓——有時在暗地裡，有時公開——貫串了整個準備階段。

研究二月至十月政變的鞏固階段之間意見分歧的歷程，不但極具理論價值，更有無比重大的實際意義。一九一〇年，列寧將在一九〇三年的第二屆大會[30]上發生的分歧稱為「預先事件」（антиципация），亦即預兆（предвосхищение）。非常重要的是，在檢視這些分歧的同時，必須追溯其本源，也就是一九〇三年，又或者更早，自「經濟主義」[31]開始。但唯有當這項研究被徹底執行，並且將意見分歧經受決定性考驗的階段（「十月」時期）包含在內，才會有意義。

受限於目前的篇幅，我們無法完整地研究這場鬥爭的所有階段。但我們認為，必須填補關於本黨發展最重要的時期那令人無法容忍的文獻空白，即使只是部分也好。

如上文所述，政權問題是紛爭的核心。基本上，政權問題就是判定革命政黨——且不僅限於革命政黨——的試金石。同時期出現並得到解決的戰爭問題，也與政權問題密切相關。我們將探討這兩個問題，依時序檢視重要的里程碑：在推翻沙皇政權之後、列寧到來之前，黨和黨出版品的立場；關於列寧的提綱的鬥爭[32]；四月會議；七月事件的後果；科爾尼洛夫

29 譯註：四月會議（апрельская конференция），即俄羅斯社會民主工黨（布爾什維克）第七屆全俄大會，於一九一七年四月二十四至二十九日在彼得格勒舉行，為布爾什維克政黨的首次合法集會。

30 譯註：指俄羅斯社會民主工黨第二屆代表大會，於一九〇三年七月十七日至八月十日在布魯塞爾及倫敦舉行。

31 譯註：就經濟主義（экономизм）的立場而言，因為俄羅斯仍處於資本主義發展的早期階段，無產階級的政治意識也尚未成熟，社會改革應該首先著重經濟方面，而非政治上的革命與顛覆。

32 譯註：指列寧於一九一七年四月四日在彼得格勒蘇維埃發表的〈四月提綱〉（Апрельские тезисы），即〈論無產階級在本次革命中之任務〉（О задачах пролетариата в данной революции）。該文刊載於四月七日的《真理報》上。〈四月提綱〉包括十項行動綱領，表明列寧對戰爭問題、經濟發展、革命情勢、政治制度等重大議題的立場，在黨內引發激烈的辯論。

事件[33]；民主會議[34]和預備國會[35]；武裝起義和奪取政權的問題（九月至十月）；關於「同質」的社會主義政府[36]的問題。

我們期待，藉由研究這些意見分歧，我們將能做出對其他共產國際國家亦有意義的結論。

33 譯註：科爾尼洛夫事件（корниловщина）指一九一七年八月的未遂政變。七月事件之後，不滿現狀的陸軍總司令拉夫爾．格奧爾基耶維奇．科爾尼洛夫（Лавр Георгиевич Корнилов）主張建立強而有力的政權，出兵彼得格勒，企圖控制臨時政府、解散彼得格勒蘇維埃。克倫斯基不得不向布爾什維克求援，最後終於平息亂事。科爾尼洛夫事件不但反映臨時政府的危機，更使布爾什維克重新得勢，被視為俄國革命的轉捩點。

34 譯註：民主會議（Демократическое совещание）於一九一七年九月十四至二十二日在彼得格勒召開，根據《消息報》（«*Известия*»）報導，共有一千五百八十二位政黨和社會組織代表參與其中。

35 譯註：預備國會（Предпарламент）即俄羅斯共和國臨時蘇維埃（Временный совет Российской республики），或稱「共和國議會」。根據民主會議的決議，在立憲會議召開之前，預備國會是全俄羅斯政黨的代表、臨時政府的諮詢機構。

36 譯註：同質的社會主義政府（однородное социалистическое правительство）是一九一七年革命期間的政治理念，相對於臨時政府由資產階級和革命民主派共治的立場，主張只有同質的政府才能有效治理國家、得到人民的支持。

把布爾什維克描繪成蛇的德國宣傳海報（1919 年），標語為「布爾什維克帶來破壞、飢餓與死亡」。德國於 1918 至 19 年期間發生由工人與士兵發動的革命，致使德意志帝國威廉二世政權被推翻以及威瑪共和國的建立，但並未成為當時國際蘇維埃政治改革的一員。（Wikimedia Commons / Public Domain）

俄國畫家鮑里斯・米哈伊洛維奇・庫斯托季耶夫（Борис Михайлович Кустодие, 1878-1927）作品《布爾什維克》（*Большевик*）。（Russian Avant-garde Gallery/ Wikimedia Commons / Public Domain）

與戰爭和護國主義的鬥爭

一九一七年二月推翻沙皇政權當然是一次巨大的躍進。然而，如果只在「二月」的脈絡中理解「二月」，也就是說不將之視爲朝向「十月」的一個階段，二月革命只不過意味著俄羅斯已經近似——舉例來說——資產階級共和的法國。一如往常，小資產階級革命政黨認爲，二月革命既非資產階級革命，亦不是朝向社會主義革命的一個階段，而是某種「民主的」

III

自身價值。他們也就是在這個基礎上建立了革命護國主義的思想體系。他們捍衛的並非某個特定階級的統治地位，而是「革命」與「民主」。但即便是在我們黨內，二月的革命進展起初也爲政治前景帶來了極度的混亂。事實上，《眞理報》[37]在三月間的立場比較接近革命護國主義，而非列寧的主張。

我們在一篇編輯部的文章中讀到，

當兩軍交戰，最荒謬的提議便是要其中一方放下武器，各自回家。這樣的作法並不是和平的政策，而是奴役的政策，是自由的人民會

37 譯註：《真理報》（«Правда»）為蘇聯共產黨的官方日報，一九一二年四月二十二日在聖彼得堡發行創刊號。其前身為托洛茨基於一九〇八年在維也納創辦的同名報刊。

憤怒地回絕的政策。不，自由的人民將會堅守崗位，以子彈還以子彈，以砲彈還以砲彈。這是不容爭議的。我們不能允許任何破壞革命的武力組織的作為。[38]

此處談論的並非統治和被壓迫的階級，而是「自由的人民」；不是各個階級為爭取政權而奮鬥，而是自由的人民「堅守崗位」。不論就概念或說法而言，這都是徹底的護國主義！接著，在同一篇文章裡：

我們的口號並非瓦解革命和正在革命化的軍隊，也不是「戰爭滾蛋！」的空談。我們的訴求是向臨時政府施壓（！），迫使臨時政府務必要公開地在全世界的民主國家面前（！），嘗試（！）說服（！）所有戰爭中的國家立刻開始談判，以商議終止世界大戰的方法。在那之前，所有人（！）都應當堅守在自己的戰鬥崗位上（！）。

向帝國主義政府施壓，「說服」政府爲善是德國的考茨基[39]和萊德柏爾[40]、法國的尚·隆格[41]和英國的麥克唐納[42]的計畫，但絕非布爾什維克的綱領。

在文章的最後，作者不但向彼得格勒蘇維埃惡名昭彰、完全呼應革命護國主義的宣言〈告全世界人民書〉（К народам всего мира）「熱情致意」，更「樂意」強調，編輯部支持兩次彼得格勒集會中顯然具有護國主義傾向

38 〈不容秘密外交〉（Без тайной дипломатии），《真理報》，第九期，一九一七年三月十五日。

39 譯註：卡爾·考茨基（Карл Каутский, 1854-1938）為德國政治家、經濟學家，是馬克思主義的重要理論家，編有馬克思《資本論》第四卷。

40 譯註：格奧爾格·萊德柏爾（Георг Ледебур, 1850-1947）為德國政治家、勞工運動者。

41 譯註：尚·隆格（Жан Лонге, 1876-1938），卡爾·馬克思的外孫，是法國記者、左派政治家。

42 譯註：詹姆士·拉姆齊·麥克唐納（Джеймс Рамсей Макдональд, 1866-1937）是英國政治家、工黨領袖，曾任英國首相。

的決議。其中一項決議宣稱：

如果德國和奧地利的民主人士聽不見我們的聲音[43]，我們將會捍衛祖國，直到流盡最後一滴血。[44]

光是這一點就足以說明一切了。

上文中引述的文章並非特例。恰恰相反，這篇文章十分精準地表現出了《眞理報》在列寧回到俄羅斯之前的立場。因此，在該報下一期的〈關於戰爭〉（О войне）一文中，雖然對〈告全世界人民書〉有所批評，但卻又同時表示：

不能不向勞工、軍人代表蘇維埃昨日在彼得格勒呼籲各國人民要求政府終止殺戮的宣告致敬。[45]

如何才能找到擺脫戰爭的出路呢？對此，該文的回答如下：

出路——向臨時政府施壓，要求政府表明其支持立刻展開和平談判的立場。[46]

諸如此類暗藏護國主義、掩飾妥協傾向的引文不勝枚舉。於此同時，甚至是在一週以前，還未能從蘇黎世牢籠脫身的列寧在他的《遠方來信》

---

43 指臨時政府和妥協派蘇維埃的「聲音」。——Л·托洛茨基

44 《真理報》，第九期，一九一七年三月十五日。

45 《真理報》，第十期，一九一七年三月十六日。

46 出處同上。

（«*Письма из далека*»）——其中大多數未能寄達《眞理報》——中嚴厲地批判了對護國主義和妥協主義讓步的各種暗示。「這是絕對不能被允許的，」他透過資本主義報刊上扭曲的報導觀察革命事件的面貌，在三月八（二十一）[47]日寫道，

對自己和人民隱瞞下列事實：這個政府要繼續帝國主義戰爭；這個政府是英國資本的代理人；這個政府企圖復辟帝制、鞏固地主和資本家的統治地位。[48]

然後，三月十二日：

要求政府締結民主和約無異於向妓院老闆說行善之道。[49]

當《真理報》呼籲民眾對臨時政府施壓，以迫使政府「在全世界的民主國家面前」表態支持和平之時，列寧寫道：

要求古契科夫[50]和米留科夫[51]的臨時政府盡速締結誠實、民主、睦鄰而友好的和平條約，就好比和善的鄉村教士（батюшка）建議地主和商人要「依神的旨意」生活，要親愛鄰人，左臉被打時，要把右

---

47 譯註：俄羅斯於一九一八年以前採儒略曆（юлианский календарь），括號內為格列高利曆（григорианский календарь）之新曆日期。

48 《無產階級革命》（*«Пролетарская революция»*），第七（三十）期，第二九九頁。

49 出處同上，第二四三頁。

50 譯註：亞歷山大·伊凡諾維奇·古契科夫（Александр Иванович Гучков, 1862-1936）為俄羅斯政治家，為「十月十七日聯盟」（Союз 17 октября）領袖，曾任國家杜馬主席、臨時政府陸軍與海軍部長。

51 譯註：帕維爾·尼古拉耶維奇·米留科夫（Павел Николаевич Милюков, 1859-1943）為俄羅斯歷史學家、政治家，是立憲民主黨領袖，曾任臨時政府外交部長。

臉也迎上。52

四月四日，列寧抵達彼得格勒次日，他在戰爭與和平的問題上堅決反對《眞理報》的立場：「不該支持臨時政府，」他寫道，

必須釐清，政府的一切承諾皆是徹底的謊言，尤其是關於拒絕兼併的保證。必須揭露，而非不能容許的、散播幻想的「要求」，使這個政府——資本家的政府——不再是帝國主義的政府。53

不必多說，妥協派人士於三月十四日發表並且得到《眞理報》高度正面回應的宣言，在列寧看來，不過是「惡名昭彰」、「亂七八糟」而已。僞善的極致——號召其他國家的人民與銀行家決裂，卻同時和國內的銀行家

建立聯合的政府。列寧在一份綱領的草稿中說：

> 「中間派」[54]全都在對天發誓，說自己是馬克思主義者，是國際主義者（интернационалисты），聲稱他們擁護和平，支持對政府的各種「施壓」，認同各項要政府「表明人民和平意志」的「訴求」。[55]

乍看之下，或許有人會反駁：但難道革命黨應該反對向資產階級及

---

52 出處同上，第二四四—二四五頁。

53 第十四卷，第一部，第十八頁。

54 譯註：此處作者引用列寧一九一七年的提綱〈論無產階級在本次革命中之任務〉（Задачи пролетариата в нашей революции）。在該文中，列寧指出，「中間派」（Центр）「搖擺於社會沙文主義者和真正的國際主義者之間」，是「小資產階級善良空話的王國」、因循守舊的機會主義者。在他看來，考茨基、隆格、麥克唐納、馬爾托夫、阿克薛利洛德等人皆是「中間派」的代表。

55 第十四卷，第一部，第五十二頁。

其政府「施壓」嗎？當然不是如此。向資產階級政府施加壓力是改革的途徑。馬克思主義的革命不否定改革。然而，改革之路適用於次要的問題，而非主要的問題。透過改革無法取得政權。「施壓」的途徑無法迫使資產階級在攸關其整體命運的政治問題上有所改變。戰爭之所以能創造革命情況，正是因爲不留改良主義「施壓」的餘地：或徹底跟著資產階級走，或發動群眾與之對抗，以求奪其政權。若選擇了前者，在完全支持帝國主義對外政治的前提之下，或許能從資產階級手中得到內政上的某些小恩小惠。正是因此，社會主義的改良主義（социалистический реформизм）自戰爭之初就公開地成爲了社會主義的帝國主義（социалистический империализм）。正是因此，眞正的革命分子不得不著手建立新的共產國際。

《眞理報》的觀點不是無產階級革命的觀點，而是民主護國主義的觀點——儘管其護國主義傾向並不徹底。我們推翻了沙皇政權，我們對民主政權施壓。後者應當向各國人民議和。若德國的民主人士無法對其政府施加適當的壓力，我們將會保衛祖國，直到鮮血流盡。和平的前景並未成爲工人階級必須越過臨時政府實現的獨立目標，因爲無產階級奪取政權亦未被確立爲革命的實際任務。與此同時，兩者又都緊密相連。

四月會議

對本黨的許多領導人而言，列寧在芬蘭車站關於俄羅斯革命的社會主義性質的發言不啻是一顆引爆的炸彈。從那一日起，列寧與主張「實現民主革命」的支持者之間的辯論就已經開始。

在四月的武裝示威[56]中，人們高喊「打倒臨時政府！」的口號，成了激烈衝突的爭端。某些右翼代表藉此機會指責列寧，爲他安上布朗基主義[57]的罪名：說是唯有迴避大多數的勞動者，才有可能推翻在當時獲得蘇維埃多數支持的臨時政府。從表面上看來，這樣的指責似乎不無說服力，但事實上，在列寧的四月政策裡完全沒有布朗基主義的影子。對他而言，問題的關鍵正是在於，蘇維埃在多大程度上依舊反映著群眾的眞實情緒；而在蘇維埃多數的主導下，黨是否在自我欺騙。四月宣言比預想的「更左」，是一次試探性的出擊，目的在於檢視大眾的心緒和他們與蘇維埃多數之間的

56 譯註：指一九一七年四月間的政治危機。臨時政府繼續參戰的立場引起工、兵群眾不滿，導致逾十萬人走上街頭。示威者響應布爾什維克號召，訴求停止戰爭、將權力交付蘇維埃。部分布爾什維克彼得格勒委員會的右派分子甚至喊出「打倒臨時政府！」的口號。與此同時，立憲民主黨人則發動反革命運動，擁護臨時政府。兩方人馬在街頭相遇，爆發激烈衝突。最後，臨時政府同意妥協，危機才終於解除。米留科夫和古契科夫因此事件下台負責。四月危機凸顯出臨時政府不僅未能獲得民意支持，更缺乏堅實的軍事力量。一九一七年五月，聯合政府成立，社會革命黨人和孟什維克代表亦參與其中。

57 譯註：布朗基主義（бланкизм）指法國社會主義者路易・奧古斯特・布朗基（Луи Огюст Бланки, 1805-81）的政治思想。布朗基主張革命是無產階級推翻資產階級、取得政權的最重要手段，並強調革命的核心是少數的密謀者，而非群眾或政治團體。

相互關係。試探的結論指出了長期的準備工作之必要。我們看到，在五月初列寧如何嚴厲地約束輕舉妄動、表明不承認臨時政府的喀琅施塔得人[58]……而反對奪取政權者對問題則有完全不同的看法。四月，卡米涅夫同志在黨大會上控訴：

在第十九期的《真理報》上，同志們[59]先是提出了推翻臨時政府的決議案。這項決議案在危機發生之前就已經刊出。然後，這個口號又因為反組織、被認為太過冒險而遭到駁回。這表示，我們的同志們還是從危機中學到了一些教訓。而這次提交的決議案[60]又犯了相同的錯誤……

這樣的假設非常重要。列寧在試探情況之後，撤下了即刻推翻臨時政府的口號，但只會撤下數週或數月，端視大眾對妥協派的憤慨增長的快慢而定。反對者則認爲口號本身有誤。列寧一時的讓步絕不意味著路線上的改變。他的出發點並非民主革命尚未成功，而不過是考量群眾今日還無法顛覆臨時政府，因此必須盡一切努力，使得勞工階級在明日具備推翻臨時政府的能力。

整場四月會議旨在討論這個根本問題：我們應該以社會主義政變之名爭奪政權，還是協助他人完成民主革命。可惜的是，四月會議的總結報告至今尚未出版，儘管在本黨的歷史上大概再也找不到像一九一七年的四

58 譯註：喀琅施塔得（Кронштадт）位於芬蘭灣（Финский залив），是重要的港口城市。一九一七年五月，喀琅施塔得蘇維埃自行宣布為城內的唯一政權，拒絕服從臨時政府的指令。

59 此處顯然指列寧。——Л·托洛茨基

60 指列寧向會議提出的決議案。——Л·托洛茨基

月會議這樣特殊、和革命的命運如此密切相關的代表大會了。

列寧的立場如下：毫不妥協地對抗護國主義和其支持者；掌握蘇維埃多數；推翻臨時政府；經由蘇維埃取得政權；採行和平的革命政治；對內實現社會主義政變計畫，對外推動國際革命。如我們所知，與此對立，反對者主張透過向臨時政府施壓完成民主革命，同時蘇維埃仍將是「監管」資產階級政權的機構。由此衍生出另一種對護國主義更加傾向妥協的態度。

一位反對列寧立場的與會者在四月會議上駁斥：

我們將勞工、軍人代表蘇維埃視為組織我方力量和權力的中心……光是這個名稱便已經足以表示，這些蘇維埃是小資產階級和無產階級力量的聯盟。對他們來說，未完成的資產階級民主任務還有待解決。假使資產階級的民主革命已經結束，那麼這個聯盟也就不會存在了，而無產階級則會對這個聯盟進行革命鬥爭。然而，我們承認這些蘇維埃是組織力量的核心……也就是說，資產階級革命尚未結束，還未成為過去。我想，我們大家都應該認清，當這個革命完全告終，政權便會真正轉移到無產階級手上。[61]

在這段推論中，無可救藥的簡化顯而易見：畢竟，問題正是在於，倘若不更替掌握政權的人，「這個革命」永遠不會「完全告終」。在引文中，革命的階級核心被完全忽略了：黨的任務並非視階級力量的實際組合而定，而是以革命在形式上的定義（資產階級或資產階級民主革命）爲依

61 卡米涅夫的發言。

據。我們必須與小資產階級結盟，而且在資產階級革命徹底實現之前，都應該監督資產階級政權。這顯然是孟什維克式的構想。不知變通地依照革命的名稱——「資產階級」革命——局限其任務，必然會採取監控臨時政府的作法、要求臨時政府提出排除兼併條件的和平計畫等等。所謂完成民主革命，是指經由立憲會議[62]實施的一系列改革。同時，布爾什維克政黨在立憲會議中被指派予左翼的角色。依此概念，「一切權力歸於蘇維埃」[63]的口號也就徹底失去了實際的意義。關於這一點，在四月會議上，說得最好、邏輯最完備、思慮最周全的是已故的諾金[64]。他同樣抱持反對的立場：

> 在發展的過程中，蘇維埃最重要的功能將會消失。一系列行政方面的職能將轉由市政、地方自治機關[65]負責。如果著眼未來的政府建設，我們不能否認，將會召開立憲會議，接著是國會……如此一來，

蘇維埃會逐漸喪失其最重要的功能；然而，這並不表示蘇維埃將會面臨終結而顏面無光。蘇維埃只不過是將功能轉交出去。只要這些蘇維埃存在，我們便無法建立公社共和國（республика-коммуна）。

最後，第三位反對者則是從這樣的角度檢視問題，主張社會主義對俄

62 譯註：立憲會議（Учредительное собрание）是十月革命之後俄羅斯的制憲機構，於一九一八年一月五日召開，但由於布爾什維克的強烈反對，最終被迫解散，只存在了十三個小時。

63 譯註：「一切權力歸於蘇維埃」（«Вся власть Советам»）為革命期間布爾什維克政黨的重要口號，由列寧首先於〈四月提綱〉中提出，其主要訴求在於使蘇維埃成為新的權力機構，以取代傳統的資產階級國家政治形式。

64 譯註：維克多·帕夫洛維奇·諾金（Виктор Павлович Ногин）是革命者、政治家、馬克思主義哲學家，在一九一七年革命之後出任貿易與工業人民委員。

65 譯註：建立地方自治機關（земское учреждение）是亞歷山大二世（Александр II, 1818-81）開明改革的作為之一。十月革命之後，地方自治機關被蘇維埃取代。

羅斯來說言之過早：

我們高舉無產階級革命的口號，能夠指望群眾支持嗎？俄羅斯是歐洲小資產階級最為強大的國家。寄望大眾支持社會主義革命是不可能的，因此，假如堅守社會主義革命的主張，黨就只能成為宣傳的小圈子。社會革命的推力應該來自西方。

接著：

社會主義政變的太陽將自何方升起？我認為，依各種條件和一般民眾的水準看來，社會主義革命不應該由我們發起。在這方面，我們力量匱乏，缺少客觀的條件。而在西方，人們看待這個問題就好比我們看待推翻沙皇政權一樣。

在四月會議上，並非所有反對列寧主張的人都和諾金得到相同的結論。但幾個月之後，在「十月」前夕，事件的邏輯迫使他們不得不接受這樣的看法。要不領導無產階級革命，要不在資產階級國會中扮演反對派的角色——這就成了我們黨內的爭議。第二種立場十分明顯是孟什維克的主張，或更精確地說，是孟什維克在二月政變之後不得不採取的主張。事實上，長年以來孟什維克啄木鳥（меньшевистские дятлы）不停地絮絮叨叨，強調未來的革命將會是資產階級的革命，資產階級革命的政府只能執行資產階級的任務，而社會民主派無法肩負資產階級民主的使命，應該保持反對派的地位，「將資產階級向左推」。對於這個問題，馬爾提諾夫[66]有深刻到令人厭煩的闡述。隨著一九一七年資產階級革命發生，孟什維克立即加入了政府。在他們所有「原則性」的主張中，只剩下這個政治結論——無產階級不敢圖謀奪取政權。但非常清楚的是，那些揭發孟什維克的內閣主義[67]，同時卻又反對無產階級奪權的布爾什維克，其實是向革命之前孟什維克的立場靠攏。

革命造成了兩個方向的政治位移：右派成爲立憲民主黨人[68]，而立憲民主黨人則不得已成爲共和派（республиканцы）——此爲形式上的向左；社會革命黨人和孟什維克成了執政的資產階級政黨——則是向右。循著這些途徑，資產階級社會試圖爲自己建立權力、穩定和秩序的脊梁。然而，與此同時，當孟什維克從形式上的社會主義立場轉向庸俗的民主，布爾什維克右翼也朝形式上的社會主義位移，也就是昨日的孟什維克主張。

在戰爭問題上也發生了同樣的勢力重組。除了少數的教條主義者之外，資產階級沮喪地拖著調子：不割地，不賠款——更何況不割地的希望已經相當渺茫。孟什維克和齊美爾瓦爾德派社會革命黨人[69]儘管批評法國社會主義者維護其資產階級共和祖國，可是當一察覺自己置身資產階級共和國，卻立刻又成了護國主義者——從被動的國際主義立場轉向積極的愛國立場。與此同時，右翼的布爾什維克採取了被動的國際主義立場——向臨時政府「施壓」以實現民主和平，「不割地，不賠款」。如此一來，在四月會議上，工農民主專政的構想就理論和政治而言都宣告崩解，從中

---

66 譯註：亞歷山大·薩莫伊洛維奇·馬爾提諾夫（Александр Самойлович Мартынов, 1865-1935）為俄國革命者，曾參與「人民意志」社（Народная воля），為孟什維克領袖。

67 譯註：內閣主義（министериализм），即米勒蘭主義（мильеранизм），指社會主義政治領袖和資產階級政府的合作。

68 譯註：立憲民主黨（Конституционно-демократическая партия，黨員簡稱 кадеты）創立於一九〇五年，是帝俄末期重要的政黨，主張建立憲政、改革議會制度，主要領袖為米留科夫。

69 譯註：一九〇五年九月第二國際於瑞士齊美爾瓦爾德（Циммервальд）召開國際會議。以列寧為首的左派代表批評帝國主義戰爭和社會沙文主義，號召參戰國無產階級發動內戰，爭取政治權力。

分離出兩個互不相容的看法：以形式上的社會主義附帶條件爲掩飾的民主觀點，以及社會革命的立場——或稱眞正的布爾什維克的主張，也就是列寧的主張。

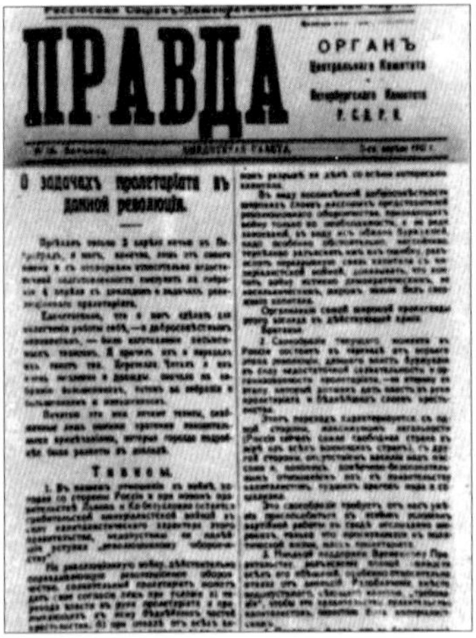
ПРАВДА

ОРГАНЪ

Р. С. Д. Р. П.

О задачахъ пролетаріата въ данной революціи.

1917 年《真理報》刊登列寧的〈四月提綱〉。（Wikimedia Commons / Public Domain）

1917 年第一次世界大戰期間俄羅斯的宣傳海報。標題為「世界戰火」。（неизвестный художник / unknown artist/ Public Domain）

V

七月事件、科爾尼洛夫事件、民主會議和預備國會

四月會議的決議爲黨提供了原則上正確的方針，但黨高層的意見分歧卻未能就此平息。相反地，隨著事件發展，這些爭議的形式將更加具體，其激烈的程度也在革命最決定性的時刻——「十月」期間——達到頂峰。

六月十日舉行示威遊行的計畫由列寧發起。那些對四月示威的性質感到不滿的同志們批評這個嘗試太過冒險。由於蘇維埃大會[70]的禁令，六月

十日的示威並未舉行。不過，在六月十八日，黨得到了報復的機會：妥協派相當大意地在彼得格勒發動總示威，遊行的口號幾乎全是布爾什維克的訴求。然而，政府也企圖搶占優勢：在前線發動了愚蠢至極的輕率攻擊。那是一個關鍵的時刻。列寧提出警告，要求黨切勿輕舉妄動。六月二十一日，他在《眞理報》上寫道：

同志們，此刻不宜行動。現在我們必須面對革命的全新階段。[71]

---

70 譯註：指第一屆全俄工兵蘇維埃代表大會（I Всероссийский съезд Советов рабочих и солдатских депутатов），於一九一七年六月三日至二十四日在彼得格勒舉行。布爾什維克原本主張在六月十日發起和平示威，聲援勞工罷工，但遭遇社會革命黨人及孟什維克反對，抗議活動於是被迫取消。

71 第十四卷，第一部，第二七六頁。

然而，七月事件來臨了，不僅是革命之路的里程碑，也是黨內分歧的過程中極爲重要的事件。

在七月的運動中，彼得格勒群眾自發的強攻扮演了關鍵的角色。但無庸置疑的是，在七月間，列寧曾經自問：時機是否已經來臨了？群眾的情緒是不是超越了蘇維埃的上層結構（надстройка）？沉迷於蘇維埃合法地位的同時，我們是不是正冒著落後民眾情緒、與之脫節的風險？在七月事件期間發起個別的純軍事行動的同志們想必由衷地相信，他們並未背離列寧對局勢的評估。後來，列寧曾說：

七月我們做了太多蠢事。

然而，這一次，事情的重點其實也是在運動中更高的新階段上又一次更爲廣泛的試探。我們必須退讓，而且是大大地退讓。黨正在準備起義和爭取政權。因此，對黨和列寧來說，七月的進擊不過是個插曲。我們爲了深入試探敵我力量而付出了昂貴的代價，但這個插曲並不能改變行動的整體路線。相反地，在那些對奪取政權的策略持敵對態度的同志們看來，七月的事件想必是有害的冒險。黨內右派分子增強了動員；他們的批評愈加堅決，反駁的語氣也相應地改變了。列寧寫道：

所有的這些哭哭啼啼、這些討論，說「不應該」參與（企圖賦予群眾非常正當的不滿和憤怒「和平而有組織」的特質！），若非出自布爾什維克之口，即是變節（ренегатство），不然就是小資產階級固有的驚惶與失措的尋常表現。72

72　第十四卷，第二部，第二十八頁。

1917 年 6 月 18 日，在彼得格勒涅瓦大街（Невский проспект）由親政府的孟什維克發起的抗議示威。（The Kathryn and Shelby Cullom Davis Library /Wikimedia Commons/ Public Domain）

1917年彼得格勒「七月事件」，臨時政府向示威群眾開槍鎮壓。（Viktor Bulla / Wikimedia Commons / Public Domain）

此處的「變節」一詞為意見的分歧添上了悲劇色彩。後來，這個不祥的詞愈來愈常出現。

可想而知，對政權和戰爭問題的機會主義態度也決定了對共產國際的相應看法。右派曾經試圖說服黨參加斯德哥爾摩社會主義愛國者大會[73]。列寧於八月十六日寫道：

卡米涅夫同志八月六日在中央執行委員會[74]上關於斯德哥爾摩大會的發言，忠於自己的黨與原則的布爾什維克必定會起而反駁。[75]

接著，提及有關革命的大旗開始在斯德哥爾摩上空飄揚的言論：

這是空洞至極的高談闊論，像是切爾諾夫[76]和策列切利[77]的話語。這是不容允許的謊言。事實上，在斯德哥爾摩上空飄揚的，不是革命的旗幟，而是勾結、妥協、赦免社會帝國主義者、銀行家談判割地瓜分的旗幟。[78]

事實上，通往斯德哥爾摩的道路就是通往第二國際的道路，正如同參加預備國會即是通往資產主義的道路。列寧主張抵制斯德哥爾摩大會，就

---

73 譯註：「斯德哥爾摩社會主義愛國者大會」（Стокгольмская конференция социал-патриотов）指第三屆齊美爾瓦爾德會議，於一九一七年九月五日至十二日於斯德哥爾摩召開。

74 譯註：中央執行委員會（Центральный исполнительный комитет，簡稱 ЦИК）為蘇維埃代表大會的常設機關，是全國最高的立法、決策核心。

75 第十四卷，第二部，第五十六頁。

76 譯註：維克多·米哈伊洛維奇·切爾諾夫（Виктор Михайлович Чернов, 1873-1952）是政治思想家、革命者，創立並領導社會革命黨，曾任立憲會議主席。

77 譯註：伊拉克利·格奧爾基耶維奇·策列切利（Ираклий Георгиевич Церетели, 1881-1959）是社會民主黨人、孟什維克政治家，為彼得格勒蘇維埃的核心人物，曾任臨時政府郵電部長。

78 出處同上，第五十七頁。

像後來抵制預備國會一樣。在鬥爭的烈焰之中，他一刻也沒忘記創建新的共產國際的任務。

早在四月十日列寧就已經提出了更改黨名的主張。他駁斥所有反對新的黨名的意見：

這些理由是因循守舊、消極怠惰和停滯不前。

他堅持地說：

該是時候扔掉髒襯衫，穿上乾淨的新衣了！

然而，黨內高層的反對如此強烈，以至於花費了一年的時間——整個俄羅斯扔掉了資產階級統治的髒襯衣，黨也才下定決心換上新的名字，回歸馬克思和恩格斯的傳統[79]。黨名事件象徵性地表現了一九一七年一整年中列寧的角色：面臨歷史最嚴峻的轉捩點，他總是在黨內爲了明日而與昨日進行緊張的戰鬥。而昨日的抵抗高舉著「傳統」的旗幟，有時激烈得非比尋常。

科爾尼洛夫事件急遽地改變了局勢，使之朝著對我們有利的方向發展，暫時緩和了意見上的分歧——緩和，而非排除。在那些日子裡，右翼

79 譯註：一九一八年，俄羅斯社會民主工黨（布爾什維克）（Российская социал-демократическая рабочая партия [большевиков]）正式改名為「俄羅斯共產黨（布爾什維克）」（Российская коммунистическая партия [большевиков]）。

1917 年 8 月 14 日，彼得格勒軍區總司令科爾尼洛夫抵達莫斯科參加出席國會大會。（Wikimedia Commons/ Public Domain）

臨時政府總理克倫斯基，攝於冬宮（1917）。（Wikimedia Commons/ Public Domain）

展現了在保衛革命，包括保衛祖國的基礎上向蘇維埃多數靠近的傾向。九月初，列寧在致中央委員會[80]的信中對此做出了回應，他寫道：

我相信，那些栽進護國主義[81]或——像其他布爾什維克——淪落到與社會革命黨人**為伍**、**支持**臨時政府的人都失去了原則。這真是大錯特錯，是毫無原則。**只有在**政權移轉給無產階級之後，我們才會成為護國主義者……

隨後，他又說道：

甚至是**現在**，我們也不應該支持克倫斯基[82]政府。這是沒有原則的。人們會問：難道我們不對抗科爾尼洛夫嗎？當然，應該與之對抗。

> 但這是不同的——這裡有道界線，有些布爾什維克越過了這道界線，陷入「妥協主義」（соглашательство），讓自己被事件的急流沖走。[83]

意見分歧的發展過程的下一個階段是民主會議（九月十四日至二十二日）與由此衍生的預備國會（十月七日）。孟什維克和社會革命黨人已經以蘇維埃的合法性約束了布爾什維克，他們的任務在於將此合法性轉化為

---

80 譯註：中央委員會（Центральный комитет）是蘇聯共產黨的中央權力組織，在代表大會休會期間管理全黨事務。

81 從下一個句子的結構看來，此處顯然省略了列舉的姓名。——Л．托洛茨基

82 譯註：亞歷山大．克倫斯基（Александр Федорович Керенский, 1881-1970）是俄羅斯政治家、革命者，曾任臨時政府司法部長、戰爭與海軍部長。一九一七年七月出任臨時政府總理。十月革命之後，克倫斯基被迫流亡海外。一九七〇年逝世於紐約。

83 第十四卷，第二部，第九十五頁。

資產階級議會的合法地位。右派對此樂觀其成。在上文中，我們已經見到他們對革命的未來發展的描述：蘇維埃將會逐步將其職能移交各個機構——杜馬[84]、地方自治會、職業工會，最後是立憲會議——並藉此退下舞台。通過預備國會的途徑，應該得以將大眾的政治思想自即將成爲過去的「臨時」機構蘇維埃導向立憲會議，亦即民主革命的實現。與此同時，在彼得格勒和莫斯科的蘇維埃裡，布爾什維克已是多數；在軍隊中，我方影響力的成長已非以日計量，而是時時刻刻都在增加。問題已經不在預測，不在前景，而在於選擇明日——字面意義上的明日——的道路。

已經徹底精疲力竭的妥協派，在民主會議上的行爲體現了可悲的卑劣特質。與此同時，我們所提出的建議，以退出顯然已經陷入絕境的民主會議表示抗議，遭遇當時在黨團高層仍然具有相當大影響力的右派分子的堅決反對。在這個問題上的衝突，爲抵制預備國會的鬥爭揭開了序幕。九月二十四日，也就是在民主會議之後，列寧寫道：

布爾什維克應該退出以表示抗議，才不會落入圈套，讓民主會議轉移了人民對重大問題的注意。[85]

民主會議中布爾什維克黨團在關於抵制預備國會的爭論，儘管在議題上相對受限，仍然具有非常特殊的意義。在本質上，這是右派爲了實現使黨回歸「完成民主革命」路線的企圖，最爲廣泛、而且從表面上看來相當成功的嘗試。這場辯論似乎沒有速記記錄，或至少並未保存下來。據我所知，直至今日，秘書筆記也尚未被發現。本書的編輯在我的文件檔案中找到了非常少的資料。卡米涅夫同志發展了一套論述。日後，這套論述以更

84 譯註：杜馬（Дума）即議會，為常設的立法機關。

85 第十四卷，第二部，第一四四頁。

尖銳、清楚的形式成了卡米涅夫與季諾維也夫[86]十月十一日那封著名的致黨組織信件的內容。諾金提出的解釋最能掌握這個問題的核心：抵制預備國會便是號召起義，亦即七月事件的重演。一些同志們則以社會民主黨議會策略的一般基礎爲出發點，他們大致上是這麼說的：

誰也不敢主張抵制議會，然而，我們卻被要求抵制同樣的機構，只因為這個機構名為預備國會。

右派的主要看法在於，由蘇維埃轉向資產階級議會是革命不可避免的過程，而「預備國會」則是這條道路上一個理所當然的環節；既然我們打算在國會中占左派的席位，就沒有理由拒絕參與預備國會。完成民主革命，並爲社會主義革命「做準備」。該如何準備呢？經由資產階級議會的學校：畢竟先進國家爲落後國家展示未來的樣貌。人們想，推翻沙皇政權必須透過革命，事情也就這麼發生了；但根據人們的想法，無產階級應該以完備的民主機制爲基礎，經由議會爭取政權。在資產階級革命和無產階級革命之間應該經歷長年的民主制度。支持參與預備國會的鬥爭也就是支持工人運動的「歐化」（европеизация），目的在於盡快將運動引上民主「權力鬥爭」的途徑，也就是社會民主的軌道。民主會議的黨團人數在百人以上，和黨代表大會——尤其在那時候——沒有任何差別。超過一半的黨團成員表示支持參與預備國會。這樣的事實本身就足以令人擔憂，而自那個時刻起，列寧的確不間斷地鳴響警鐘。

在民主會議期間，列寧寫道：

86 譯註：格利高里．葉夫謝耶維奇．季諾維也夫（Григорий Евсеевич Зиновьев, 1883-1936）是革命者、布爾什維克政治家，曾任政治局委員、共產國際執行委員會主席。一九三六年，季諾維也夫在史達林主導的「第一次莫斯科審判」中被判有罪，隨後遭到槍決，一九八八年才終於獲得平反。

如果我方將民主會議視為國會，那將是極為嚴重的錯誤，十足議會白癡的行為（парламентский кретинизм）。因為，即便民主會議自命為國會、革命的最高議會，它仍舊無法決定任何事情：**決定權在它之外**，在彼得格勒和莫斯科的工人區。[87]

從列寧的許多聲明之中，可以得知他對參與或不參與預備國會的意義之評價。九月二十九日致中央委員會的信函即是一例。他在信中談及：

布爾什維克那些令人無法容忍的錯誤，譬如參加預備國會的可恥決定。

在他看來，這個決定表現出民主的空想和小資產階級的搖擺不定——正是在與此對抗的過程之中，他構想並精煉自己無產階級革命的概念。從資產階級革命到無產階級革命必須經歷多年的時間——這是錯的。議會政治是準備爭取政權唯一的、主要的，抑或必要的學校——這是錯的。通往政權的道路必須經過資產階級民主——這是錯的。這全是赤裸的抽象簡化和教條模式，其僅有的政治功能在於，束縛無產階級先鋒的手與足，藉由「民主的」國家體制，使他們成爲資產階級的反對派政治影子：也就是社會民主黨。應該以階級鬥爭的眞實軌道領導無產階級政治，而非藉由學校式的簡化模型。我們不該加入預備國會，而要組織起義、奪取政權。其他的問題皆會迎刃而解。列寧甚至提出政治綱領，主張抵制預備國會，要求召開緊急黨代表大會。自此之後，他在所有的信件和文章裡集中表達唯一的訴求：不經由預備國會——妥協派的「革命」尾巴——而應該走上街頭，爲取得政權而奮鬥！

87 第十四卷，第二部，第一三八頁。

VI 十月政變前後

結果，沒有必要召開緊急代表大會。來自列寧的壓力確保了在中央委員會和預備國會黨團中各勢力必要的左傾。十月十日，布爾什維克退出預備國會。在彼得格勒，蘇維埃和政府在派遣部分親布爾什維克衛戍部隊上前線的相關問題上起了衝突。十月十六日，革命軍事委員會[88]——合法的蘇維埃起義機構——成立。黨的右翼試圖阻礙事件的發展。黨內不同傾向之間的鬥爭，如同國內的階級鬥爭，進入了關鍵的階段。由季諾維也夫和卡米涅夫署名的信〈論時局〉（К текущему моменту），最爲完整、扼要地闡明了右派的立場。這封信寫於十月十一日，即革命前兩週，並分送至黨最重要的組織，信中堅決反對中央委員會關於武裝起義的決議。作者警告人們切勿輕視敵人，但事實上卻又非常嚴重地低估了革命的力量，甚至否定了群眾的戰鬥情緒（在十月二十五日前兩週！）。信裡寫道：

我們深信，此刻宣布武裝起義無異於孤注一擲，賭上的不僅是本黨的命運，還有俄羅斯和世界各國革命的命運。

88 譯註：革命軍事委員會（Военно-революционный комитет）附屬於蘇維埃，是布爾什維克革命的軍事決策核心。此處指彼得格勒革命軍事委員會（Петроградский военно-революционный комитет）。

可是，如果既不起義，也不爭取政權，那麼應該做什麼呢？信裡也相當清楚、明確地回答了這個問題。

透過軍隊，透過勞工，我們拿槍對準資產階級的太陽穴，被槍指著，資產階級也就不能毀掉立憲會議了。

在立憲會議選舉中，本黨勝利的機會非常之大……布爾什維克的影響力正在增長……只要策略正確，我們可以在立憲會議裡掌握三分之一的席次，或者更多。

如此一來，這封信公開地表明了立場，即以成爲立憲會議中「有力」的反對力量爲目標。這種百分之百的社會民主路線隱藏在以下的見解之中：蘇維埃在生活中已經根深柢固，不可能被摧毀……在革命工作上，立憲會議只能倚賴蘇維埃。立憲會議和蘇維埃——聯合的國家機關。這就是我們的目標。

關於右派的整體路線，非常有趣的是，一年半至兩年之後，在德國，同樣反對無產階級奪取政權的魯道夫·希法亭[89]也提出了「聯合」國家體制的理論（теория «комбинированной» государственности），結合立憲會議

89 譯註：魯道夫·希法亭（Рудольф Гильфердинг, 1877-1941）為奧地利裔馬克思主義經濟學家，是德國社會民主黨的重要人物，曾任財政部長。

和蘇維埃。這位德奧的機會主義者並不知道自己抄襲了這個概念。〈論時局〉完全以議會的角度評估多數，否認我們已經得到了大多數俄羅斯人民的支持。

在俄羅斯，大多數的勞工和相當大部分的軍人都站在我們這一邊，但其餘的一切都還有疑問。

信中說道：

舉例來說，我們全都相信，倘若現在舉行立憲會議選舉，大多數的農民會將票投給社會革命黨人。這又是怎麼一回事？巧合嗎？

這麼提出問題犯了一個重要而且根本的錯誤，錯在不理解：農民可以擁有極大的革命利益和滿足利益的強烈欲求，但不可能具有獨立的政治立場：農民若不是透過資產階級的社會民主黨代理人，投票支持資產階級，就是眞正地加入無產階級的行列。在這兩種可能之中，何者將會實現——這正取決於我們的政治策略。假如我們進入預備國會，試圖在立憲會議中掌握反對派的影響力（三分之一的席次，或者更多），那麼，我們將幾乎是機械式地置農民於這樣的處境之中，使得他們必須經由立憲會議尋求自身利益的滿足。因此，不透過反對派，而是大多數。相反地，無產階級奪權則會立刻爲農民建立與地主、官吏抗爭的框架。若用我們在這個問題上非常流行的話來說，這封信既**低估**，又**高估**了農民：低估了農民（在無產階級領導之下！）的革命可能性，高估了他們在政治上的獨立自主。這個同時低估、高估農民的雙重錯誤，則可以歸因於對自身階級和黨過低的評價，亦即社會民主派的無產階級觀點。這裡並沒有任何出人意料之處。形形色色的機會主義，最終都歸結於對無產階級革命的力量和可能性不正確的評估。

這封信反對奪取政權，並且恐嚇黨，宣稱未來將可能發生革命戰爭。

士兵群眾之所以支持我們，不是因為戰爭的口號，而是為了和平的訴求……如果我們在獨占了政權之後，由於整體的世界局勢，必須發動革命戰爭，士兵群眾必定會離開我們。當然，年輕士兵中最精良的部分會留下來，但士兵群眾將會離我們而去。

這樣的論述非常值得參考。在這裡，我們見到支持簽署布列斯特—立陶夫斯克和約[90]的主要理由；然而，這些理由在此處卻成了反對爭取政權的論據。顯而易見的是，〈論時局〉使得同意信中觀點的人們非常容易接受布列斯特—立陶夫斯克和約。在此，我們只需要再度強調已經在其他地方提到過的這一點：展現列寧的政治天才的，並非布列斯特—立陶夫斯克的暫時屈服——作爲個別的獨立事件——本身，而是將「十月」與布列斯特結合起來考量。可別忘了這一點。

工人階級在奮鬥、成長的過程中，永遠認爲對手比自己強大。這樣的現象在日常生活中處處可見。對手擁有財富、權力、所有的思想壓迫手段和迫害工具。在準備階段，革命政黨一切的生活與工作始終離不開敵人比自己強大這樣的思維習慣。每次疏忽不慎或過早行動的結果都是敵方的力量最殘酷的提醒。但是，時候到了，認爲敵人比較強大的想法成了通往勝

90　譯註：布列斯特—立陶夫斯克和約（Брест-Литовский мир）為布爾什維克政府與同盟國於一九一八年三月三日簽訂的和約，俄國就此退出第一次世界大戰。

利的道路上主要的阻礙。資產階級今日的軟弱像是被隱藏在昨日的力量的影子裡。「你們低估了敵人的力量！」所有反對武裝起義的人們都藉此組織起來。「凡是不想只是談論起義的人，皆應該冷靜地衡量其機會。」在我們獲勝前的兩週，反對起義者如是寫道，

在此，我們認為有責任強調，在這個時刻，最不利的便是低估對手的力量、高估自身的實力。對方的力量比看起來還要強大。彼得格勒是決勝的關鍵，而在彼得格勒，無產階級政黨的敵人已經積蓄了相當大的力量：士官生五千人，武裝精良，組織完善，因為自身的階級地位而渴望且擅長戰鬥；還有指揮部，還有突擊隊員，還有哥薩克[91]，還有相當大部分的衛戍部隊，還有極大部分的砲兵，呈扇型配置在彼得格勒四周。除此之外，在中央委員會的協助之下，對手

十之八九會試圖從前線將軍隊調配過來。[92]

當然，在內戰中，關鍵不在於單純的軍力統計，而在預先評估他們的思維意識（сознание）。這樣的評估永遠不可能完全可信、準確。甚至列寧也認爲，敵人在彼得格勒擁有相當可觀的力量，於是提議在莫斯科發動起義。根據他的假設，在莫斯科的起義可以不流一滴血。就連在最有利的條件之下，這類個別的預估錯誤也完全無法避免，而更正確的作法則是依據較不有利的形勢擬定計畫。不過，在這個情況之下，我們感興趣的是，在敵人其實並無武裝實力的同時，其力量被高估得離譜，而一切的比例也

91 譯註：哥薩克（казаки）是居住在烏拉爾（Урал）、頓河（Дон）等地的特殊族群，驍勇善戰，曾是沙皇政府倚賴的軍事力量，因而獲得自治、免除勞役和賦稅等特權。他們擁有獨特的文化和生活方式，在俄羅斯歷史上扮演重要的角色。

92 〈論時局〉。

徹底失真。

正如德國的經驗所示，這個問題的意義非常重大。當起義的口號對德國共產黨的領導者們主要——若非僅只——具有煽動的意義，他們直接忽視了關於敵人武裝力量的問題（威瑪防衛軍[93]、法西斯衛隊、警察）。他們以為不停高漲的革命浪潮將會自然而然地解決軍事問題。而當任務迫切逼近，那些以為敵人的武裝力量不存在的同志們立刻陷入另一個極端：他們完全相信所有關於資產階級武裝力量的統計數字，仔細地加上威瑪防衛軍和警察勢力，然後取整數（達五十萬或者更多），於是，如此一來，得到實力雄厚、全副武裝的民眾，完全足以癱瘓他們自身的努力。當然，與我們的科爾尼洛夫派和半科爾尼洛夫派相比，德國的反革命勢力更強大，至少更有組織，準備也更加完善。但德國革命的主動勢力亦不相同。無產階級在德國人口中占壓倒性的大多數。在我們這裡，至少在最初的階段，一切取決於彼得格勒和莫斯科。在德國，起義立即在數十個強大的無產階級據點發起。在這樣的背景下，敵人的武裝力量看起來也就不如在取整數的統計數字上那麼令人生畏了。不論如何，務必要杜絕受偏見影響的統計數字。在德國的「十月」失敗之後，這類的統計曾經出現，而且持續地出現，為招致失敗的政策辯護。在這方面，我們俄羅斯的例子無可取代：在我們不流血的彼得格勒勝利前兩週——而我們也能提前兩個星期取得勝利——黨裡經驗豐富的政治家們認為，我們的對手是渴望而且擅長戰鬥的士官生、突擊隊員、哥薩克、相當大部分的衛戍部隊、呈扇型配置的砲兵，以及從前線調配過來的軍隊。而事實上，什麼也沒有，等於零。現在，我

93 譯註：威瑪防衛軍（Рейхсвер）為威瑪共和期間德國的正規軍隊。

們不妨試想，若反對起義的人們在黨和中央委員會中勝利了。在內戰中，指揮的角色再清楚不過：在這樣的情況之下，若不是列寧向黨提出申訴，與中央委員會對抗——他計畫這麼做，而且毫無疑問地，將會成功——革命早就註定失敗了。然而，面對這樣的情況，不是每個黨都有自己的列寧……不難想像，假如迴避戰鬥的路線在中央委員會中勝出，歷史又將被如何改寫。擁護當局立場的歷史學家當然會將一九一七年十月的起義描述為純粹的瘋狂，並且提供讀者驚人的統計數字——士官生、哥薩克、突擊隊員、呈扇型配置的砲兵、自前線調回的軍團。在未經歷過起義戰火考驗的情況之下，這些勢力會比實際上可怕得太多。這就是所有革命分子都必須銘記在心的教訓！

在九至十月間，列寧之所以堅決、不懈、未曾間斷地對中央委員會施壓，是因為他時時刻刻都擔心著我們會錯過了時機。「算不了什麼，」右派如此回應，「我們的影響力會持續不斷地增長。」誰才是正確的？再說，錯過時機又意味著什麼？在這個問題之中，布爾什維克對革命路線與方法的評價：主動、策略性、非常實際，最爲清楚地與社會民主黨、孟什維克完全宿命論的判斷相互衝突。何謂錯過時機？最適合發動起義的條件，顯然是勢力的對比關係對我方最爲有利的時刻。當然，此處所謂勢力的對比關係，是就思維意識而言，也就是指政治的上層結構，而非基礎結構——在各個革命時期，基礎結構大致上可以視爲固定不變的。在經濟的基礎結構和社會階級區分完全相同的情況之下，勢力的對比關係隨著下列因素而改變：無產階級大眾的心緒、其幻想的破滅、其政治經驗的累積、中間階級和族群對國家政權之信任的動搖，以及——最後一點——國家政權對自身信心的減弱。在革命中，這一切的過程皆在瞬息之間。所有策略的技藝都在於把握條件組合對我方最爲有利的時刻。科爾尼洛夫起義終於使這些條件齊備。群眾對在蘇維埃中占有多數席位的政黨失去了信心，親眼目睹了反革命的危險。他們認爲，現在是時候該輪到布爾什維克尋找出路、擺脫困境了。國家政權失序崩解的狀態不可能長久，群眾對布爾什維克如不受控制的浪潮一般、焦急而嚴厲的信任亦是；無論如何，必須解決危機。就是現在，時不再來！——列寧重複道。

對此，右派反駁：

……要不是現在，就永遠不會發生——從這樣的角度思考將權力移交無產階級政黨的問題是嚴重的歷史錯誤。不！無產階級的黨將會茁壯，其綱領在廣大民眾之間將會愈發明朗……而斷送其成就的唯一方法，正是在當今的情況下發起行動……我們在此發聲，以提出警告，反對這項必然會招致毀滅的政治策略。[94]

這種宿命論的樂觀主義有待極爲嚴謹的研究。其中並沒有國族特質和個人差異的因素。不過就在去年，我們在德國觀察到相同的趨勢。事實上，在這種觀望的宿命論思維之中隱藏著優柔寡斷，甚至還有對行動的無能，但卻被以令人安慰的預測僞裝起來：人們說，我們的影響力愈來愈大，我們的力量將會隨著時間過去，持續增長。多麼拙劣的誤導！革命政黨的力量只會成長到一定的時刻，之後的情況可能會完全相反：由於黨的被動，群眾由希望轉爲失望；而與此同時，敵人則從恐慌之中恢復過來，利用群眾的失望情緒。一九二三年十月，在德國，我們見到的正是這樣的關鍵逆轉。一九一七年秋天，在俄國，我們距離類似的事件轉折也並不太遠，或許只要再遲個幾個星期，就有可能發生。列寧是對的：就是現在，

94 〈論時局〉。

時不再來！

「但決定性的問題在於，」反對起義者提出了最後、最強而有力的論點：

首都的勞工和軍人的情緒是不是真的如此：他們是否認為巷戰是唯一的出路，急著衝上街頭。不是的。這種情緒並不存在……倘若首都廣大的貧苦民眾有戰鬥、急著上街頭的情緒，或許可以確保他們所發起的行動能吸引那些大而重要，但本黨在其中影響力薄弱的組織——鐵路、郵電工會等等。但既然就連在工廠和軍營裡都沒有這樣的情緒，那麼在這方面有什麼樣的盤算都是自我欺騙。[95]

若回想起德國的黨的領導同志們在解釋前一年的不戰而退時，正是以民眾不願意戰鬥作爲藉口，那麼這些在十月十一日寫下的字句就有了非常特殊而且迫切的意義。沒錯，重點就在於，一般來說，當大眾具備足夠的經驗，不會輕率地投入戰鬥，而是等候、要求堅決而有能力的戰鬥領導，起義才最爲可能制勝。一九一七年十月，勞工大眾，或至少其領導階層，已經有了堅定的信念：根據四月的行動、七月事件和科爾尼洛夫事件的經驗，他們認爲，接下來的關鍵將不再是個別的、自發的示威抗議，不再是試探，而是以奪取政權爲目標的決定性起義。群眾的心緒也因此變得更集中、更具批判性、更爲深刻。從愉快、洋溢幻想的自發狀態轉向更具批判性的自我覺察，必然會使革命有所停頓。唯有黨相應的政治策略——最

95 〈論時局〉。

1917 年 10 月 26 日，赤衛隊、士兵和民眾包圍了臨時政府的所在地——冬宮。
（Pyotr Novitsky/Wikimedia Commons/ Public Domain）

伏爾坎工廠（Завод Вулкан）前一支彼得格勒的赤衛隊，攝於 1917 年 10 月。（George H. Mewes/ Wikimedia Commons/ Public Domain）

主要的是，黨必須眞正準備好，並有能力領導無產階級革命——才能克服群眾的情緒中這種進步的危機（прогрессивный кризис）。另一方面，長期從事革命宣傳，使大眾脫離妥協派的影響，然後在憑藉著民眾的信任而興起之後，卻又開始動搖，自作聰明，耍花招，選擇觀望——這樣的黨將會癱瘓群眾的行動力，使他們失望、崩解，摧毀革命，但——在失敗之後——卻又爲自己找到藉口，怪罪群眾不夠積極。〈論時局〉的路數正是如此。幸好，在列寧的領導之下，我們的黨堅定地杜絕了高層的這種傾向。也正是因此，才能成就變革，取得勝利。

* * *

至此，我們已經說明了與十月革命的準備工作相關的政治問題的本質，也試圖釐清在這個基礎上衍生的意見分歧的根本意義。接下來，我們還要至少是扼要地指出最後的、決定性的幾個星期中黨內鬥爭最重要的關鍵。

中央委員會於十月十日通過了武裝起義的決議。十月十一日，在上文中已經分析過的〈論時局〉被分送至黨內最重要的組織。十月十八日，亦即政變一週之前，在《新生命》[96]上刊出了卡米涅夫的信。信裡提到：

> 不僅是我和季諾維也夫同志，還有一些實事求是的同志們都認為，在當前的力量對比之下，不顧幾天之後的蘇維埃代表大會，在此刻發起武裝起義是不容允許的，對無產階級和革命而言皆是致命的一

96 譯註：《新生命》（«Новая жизнь»）為孟什維克與國際主義傾向的報刊，於一九一七年四月至一九一八年七月間在彼得格勒發行，編輯包括馬克西姆．高爾基（Максим Горький, 1868-1936）、蘇哈諾夫等人。

步。[97]

十月二十五日，我方在彼得堡取得了政權，蘇維埃政府於是建立。十一月四日，一些負責的人員退出黨中央委員會和人民委員會[98]，提出了最後通牒式的要求，主張創建蘇維埃政黨的聯合政府。他們寫道，

除此之外，只有一條路可走：以政治恐怖為手段保存純粹的布爾什維克政府。

在同一時間的另一份文件中：

我們無法為中央委員會這項毀滅性的政策負責。極大部分的無產階

級和軍人渴望在最短的時間內停止各個民主派系之間的流血衝突，而這項政策違背了他們的意志。因此，我們辭去中央委員會成員的頭銜。如此一來，我們才得以向勞工、軍人群眾坦誠地陳述己見，並呼籲他們響應我們的號召：「蘇維埃政黨政府萬歲！立刻在這個條件下達成協議！」[99]

由此可見，那些曾經視武裝起義和奪取政權爲冒險行爲，因而反對的人們，在起義成功之後，又主張將權力歸還給那些政黨——無產階級正是與

97 《新生命》，第一五六期，一九一七年十月十八日。

98 譯註：人民委員會（Совнарком，即 Совет народных комиссаров）創立於一九一七年十月二十七日，是新政府的最高行政機構。

99 《十月政變》（*«Октябрьский переворот»*），《一九一七年革命文獻》（*«Архив революции 1917 г.»*），第四〇七—四一〇頁。

這些政黨對抗，才奪得了政權。爲什麼獲得勝利的布爾什維克黨，應該將政權交還給孟什維克和社會革命黨？——而他們所談論的正是交還政權！

對此，反對人士回應：

> 我們認為必須建立這樣的政府，是為了預防未來的流血衝突和迫近的飢荒，為了避免卡列金[100]者流擊潰革命，為了保障立憲會議如期召開，並且確實執行由全俄勞工與軍人代表蘇維埃大會通過的和平計畫。[101]

換言之，其目的是經由蘇維埃的大門，尋求通往資產階級的議會政治之路。既然革命已經拒絕了預備國會的路線，通過「十月」另闢了道路，那麼，根據反對派的主張，任務即是在孟什維克和社會革命黨的協助之下拯救革命，使之遠離專政，將革命引上資產階級體制的軌道。這不是別的，正是消滅「十月」。當然，在這樣的條件下，是不可能達成協議的。

翌日，十一月五日，刊出了另一封相似的信：

為了黨的紀律，我無法對此保持緘默。當客觀的條件以崩潰的威脅相逼，迫使我們與所有的社會主義黨派達成協議，某些馬克思主義者卻違背理智，無視事態的發展，不願考量這些客觀條件……為了黨的紀律，我不能陷入個人崇拜、任由與所有同意我方根本訴求的社會主義政黨的政治協議取決於某人是否在內閣當政，並且因此而

100 譯註：阿列克謝·馬克西莫維奇·卡列金（Алексей Максимович Каледин, 1861-1918）是俄國騎兵將領，反對革命，在內戰初期領導頓河哥薩克投入白軍行列。

101 《十月政變》，《一九一七年革命文獻》，第四〇七—四一〇頁。

使流血衝突延續——哪怕只有一分鐘。[102]

在信的最後，作者洛佐夫斯基[103]宣告，必須爭取召開黨代表大會以解決下面的問題：

俄羅斯社會民主工黨（布爾什維克）[104]依舊會是勞工階級的馬克思主義政黨，還是終究將走上另一條路，與革命馬克思主義分道揚鑣。[105]

形勢似乎確實無望。不只是資產階級和地主，不只是依然掌握許多上層組織，全俄鐵路工會執行委員會[106]、軍委會[107]、公職人員等等，所謂「革命民主派」（революционная демократия），就連我們某些深具影響力的黨職人員、中央委員會和人民委員會成員，都大加譴責黨繼續掌權以求實現其計畫的企圖。我們強調，如果只看見事情的表面，而不深究，局勢可能顯得絕望。還能怎麼做呢？接受反對派的條件即是消滅「十月」。但既然如此，當初就不必實現它了。唯一的選擇：寄望群眾的革命意志，繼續前進。十一月七日，在《眞理報》上刊出了本黨中央委員會的關鍵聲明——由列寧執筆，在爲基層黨員大眾而寫的清楚明白、簡單易懂，而且不

102 《勞工報》（*«Рабочая газета»*），第二〇四期，一九一七年十一月五日。

103 譯註：所羅門．阿布拉莫維奇．洛佐夫斯基（Соломон Абрамович Лозовский, 1878-1952）是歷史學者、革命者、布爾什維克政治家，曾任中央委員會、中央執行委員會委員等黨政要職。

104 譯註：俄羅斯社會民主工黨（Российская социал-демократическая рабочая партия，簡稱 РСДРП）於一八九八年創立於明斯克，為社會主義革命政黨。日後因為革命策略與政治立場的內部矛盾，分裂為布爾什維克、孟什維克兩派。

105 《勞工報》，第二〇四期，一九一七年十一月五日。

106 譯註：全俄鐵路工會執行委員會（Всероссийский исполнительный комитет железнодорожного профсоюза，簡稱 Викжель）成立於一九一七年七至九月間，是激進的工會團體，在俄國革命中扮演重要的角色。

107 譯註：軍委會（армейский комитет）是二月革命期間成立的政治組織，即軍隊中的蘇維埃。

容爭辯的字句間，洋溢眞實的革命熱情。這篇公告終結了對黨和其中央委員會未來政策的一切疑慮：

> 所有意志不堅的人、搖擺不定的人、疑惑不決的人和被資產階級嚇倒的人、屈從於資產階級直接和間接的共謀的叫喊的人——讓他們慚愧吧！在彼得格勒、莫斯科和其他各地的勞工、軍人群眾之中，沒有絲毫的猶豫不決。我們的黨堅毅不撓，萬眾一心，捍衛蘇維埃的政權，守護所有勞動者——尤其是工人和貧農——的利益。[108]

對黨而言，最嚴重的危機已被克服。然而，內部的鬥爭仍未止息。鬥爭的路線依舊，但其中的政治意義卻已經逐漸衰微。於十二月十二日烏利茨基[109]在本黨彼得格勒委員會的會議上關於召開立憲會議的報告中，我們可以找到極爲有趣的證明：

在我們黨內，意見分歧已經不是新鮮事了。同樣的趨勢在先前討論關於起義的問題時便已經出現。現在，某些同志們視立憲會議為革命的圓滿完結。他們抱持瑣碎而平庸的主張，要求我們不應該失了分寸等等。他們反對立憲會議的成員——布爾什維克——去監督會議的召開、力量的對比等等。他們只問形式，也就未能明白，由此監控取得的情報可以反映立憲會議周圍的相關狀況；而考量了這些情況，我們便能決定對立憲會議的立場……現在，在我們看來，我

108 《真理報》，第一八二（一一三）期，一九一七年十一月二十（七）日。

109 譯註：摩伊謝·所羅門諾維奇·烏利茨基（Моисей Соломонович Урицкий, 1873-1918）是布爾什維克政治家，在十月革命的武裝起義中扮演重要的角色。

們正在為無產階級和貧農的利益而奮鬥；但少數的同志們卻以為我們在進行資產階級革命，而資產階級革命又是以立憲會議來達成。

立憲會議的解散不僅爲俄羅斯歷史偉大的一章畫下句點，本黨的歷史中一個相當重要的段落也隨之完結。無產階級政黨在克服了內部的抵抗之後，不僅掌握了政權，更將政權把持在自己手中。

1917 年於彼得格勒召開的立憲會議。（Kristallstadt / Wikimedia Commons / Public Domain）

十月起義和蘇維埃「合法性」

九月，在民主會議期間，列寧要求直接投入起義，他寫道：

為了以馬克思主義的角度看待革命，也就是說，視之為一門藝術；與此同時，我們必須不浪費一分一秒，組織起義部隊的**指揮部**，分配力量，將可靠的部隊調派至最重要的據點，包圍亞歷山德林斯基

VII

劇院[110]，攻克彼得保羅要塞[111]，查封總參謀部[112]和政府，派遣寧願戰死也不容敵人往市區推進的部隊對付士官生和「野蠻師」[113]；我們應該動員武裝的勞工，號召他們參與最後的決戰，立即占據電報社、電話局，在中央電話局旁建立**我們**的起義指揮部，以電話連結指揮部和所有工廠、部隊與武裝衝突的據點等等。當然，這都只是舉例而言，我不過是以此**說明**——在這個時刻，若未**看待起義如藝術**，就

---

110 譯註：亞歷山德林斯基劇院（Александринский театр，簡稱 Александринка）位於彼得格勒市中心，創立於一七五六年，是俄羅斯重要的劇院之一。

111 譯註：彼得保羅要塞（Петропавловская крепость，簡稱 Петропавловка）是涅瓦河（Нева）上重要的堡壘，一七〇三年由彼得一世（Петр I）下令建造，曾是囚禁政治犯的監獄。

112 譯註：總參謀部（Генеральный штаб）大樓坐落於冬宮廣場（Дворцовая площадь）一側，是俄國的中央軍事指揮機關。

113 譯註：「野蠻師」（Дикая дивизия）指高加索地區騎兵師（Кавказская туземная конная дивизия），以驍勇善戰著稱。

不是忠於馬克思主義、忠於革命。[114]

這樣的設想假定，我們將會透過黨的途徑、以黨之名準備並且實現起義，而日後再由蘇維埃大會認可其勝利。中央委員會並未採納這項建議。起義被引領上了蘇維埃的道路，並且在宣傳上和第二屆蘇維埃大會[115]有所連結。有必要詳細說明這個意見上的分歧——在當時，這個分歧當然與大原則無關，而是純粹的技術問題，儘管具有重大的實際意義。

上文中已經提及，起義的延宕使列寧極爲憂心。考量黨高層的猶豫不決，在他看來，形式上將政變與即將到來的第二屆蘇維埃大會連結在一起的宣傳是不容允許的耽擱，是對猶豫不決的態度和猶豫不決者的妥協，是浪費時間，根本是一種罪行。在九月底之後，列寧不只一次回過頭來討論這個想法。

他於九月二十九日寫道，

在我們的中央委員會和黨的高層，有此傾向或意見，主張等待蘇維埃大會，反對立即奪取政權，反對即刻起義。應該戰勝這樣的傾向或意見。

十月初，列寧寫道：

拖延是罪，等待蘇維埃大會則是耍弄形式的兒戲，耍弄形式的荒唐

114 第十四卷，第二部，第一四〇頁。
115 譯註：第二屆蘇維埃大會（Второй съезд советов）於一九一七年十月二十五至二十七日於彼得格勒召開。

把戲，是背叛革命。

在爲十月八日的彼得堡會議而作的講綱中，列寧說：

必須對抗立憲的幻想和對蘇維埃大會的期望，摒除一定要等到大會召開不可的成見……

最後，在十月二十四日，列寧寫道：

事到如今，革命的延誤已經與死亡無異。這是再清楚不過的了。

他又說：

歷史不會寬恕革命分子的耽擱。他們本來可以在今天獲得勝利（而且今天勢必會勝利），卻冒著明日失去甚多的風險，冒著失去一切的風險。

這一字一句皆是在革命的鐵砧上錘鍊出來。這些信件全都具有非比尋常的意義，既說明了列寧的特質，也評價了當下的情況。其中最根本的核心思想即是對宿命論的、觀望的、社會民主的、孟什維克的革命態度的憤怒、抗議與不滿。從上述的角度看來，革命就好似某種無止境的膠卷。如果說，一般而言，時間是政治的重要因素，時間的意義在戰爭和革命期間則又提高了百倍之多。遠非所有能在今日成就的事情都可以留待明日。起義、擊潰敵人、奪取政權在今日可行，但明日或許就不可能了。但奪取政權即扭轉歷史之舵，難道這樣的事件在二十四小時之間就能決定嗎？是的，可能。當事態演變至武裝起義，衡量事件的標準已不再是政治的長單位，而是戰爭的短度量。錯過幾個星期、幾天，有時候甚至是一日——在某些條件下，無異是放棄革命，等於投降。若不是列寧提出警告，若少了他的施壓、批評和在革命方面強烈而狂熱的猜疑，黨大概也就不會在緊要關頭整頓好自己的陣線。畢竟在高層的阻撓非常之強，而指揮部在戰爭，包括在內戰之中扮演重要的角色。

然而，與此同時，在第二屆蘇維埃大會的籌備工作和保護大會的口號的掩護之下準備、進行起義，顯然賦予了我們不可估量的優勢。自從我們彼得格勒蘇維埃[116]對克倫斯基派遣三分之二衛戍部隊上前線的命令提出異議的那一刻起，我們其實便已經進入武裝起義的狀態了。列寧不在彼得格勒，未能評價這個事實的完整意義。就我記憶所及，在他那個時期的所有信件之中，對此情況根本未置一詞。事實上，當我們反對調度彼得格勒的衛戍部隊，設立革命軍事委員會（十月十六日），在所有的軍事單位和機關任命自己的委員，並藉此不只完全隔絕了彼得格勒軍區指揮部，也徹底孤立了政府時，十月二十五日起義的結果已經決定了至少四分之三。其實，這就是武裝起義——彼得格勒軍隊對抗臨時政府，雖然沒有流血，卻仍是武裝起義。這次行動在革命軍事委員會的領導下進行，以準備維護即將解決政權問題的第二屆蘇維埃大會為口號。列寧之所以提議在莫斯科發動起義——根據他的假設，在那裡不必流血，就能得勝——正是因為他藏身地下，無法評價這個根本的轉折：經過了十月中旬首都衛戍部隊的「平和」起義（«тихое» восстание），在所有的軍事隸屬系統和階級秩序之中，

116 譯註：彼得格勒蘇維埃（Петроградский Совет）即彼得格勒工兵代表蘇維埃（Петроградский Совет рабочих и солдатских депутатов），於一九一七年二月革命之後創立，是首都工、兵群眾的代表組織。彼得格勒蘇維埃與臨時政府抗衡，在十月革命中扮演決定性的角色。

不僅情緒已經截然不同，各種組織關係也有了重大的改變。自從軍隊在革命軍事委員會的命令之下拒絕出城並且待在城內的那一刻起，我們在首都的起義便已經宣告勝利，只不過表面上仍然留有少許資產階級民主國家制度的殘餘。十月二十五日的起義只不過是補充而已。也正因此，一切才能進行得如此順利。相反地，在莫斯科的戰鬥就漫長、血腥得多，儘管在彼得格勒人民委員會的政權已經確立。顯而易見的是，假如在彼得格勒的事變發生以前，起義便在莫斯科展開，那麼這次起義必然會拖上更多時日，結果也將非常難以預料。而在莫斯科的失敗又將嚴重影響彼得格勒。當然，即便如此，勝利也並非全無可能。但事件發生的實際路徑卻是更經濟得多、更有利得多、更成功得多。

我們之所以能夠差不多在第二屆蘇維埃大會召開的同時奪取政權，原因全在於「平和的」、幾乎「合法的」武裝起義——至少在彼得格勒如此

——早就已經成爲既定的事實，若非十分之九，也有四分之三。我們稱之爲「合法」，是指這次起義衍生自雙元政權的「正常」條件。在妥協派的掌控之下，彼得格勒蘇維埃也曾經不只一次審查或修正政府的決定。這種現象可以說是歷史上所謂克倫斯基時期（керенщина）憲法的一部分。我們，布爾什維克，在彼得格勒蘇維埃掌權，不過是延續、深化了雙元政權的方法。我們負起責任，審查了調離軍隊的命令。我們也藉此以合法的雙元政權的傳統和手段，掩飾了彼得格勒衛戍軍隊起義的事實。除此之外，在宣傳中，我們表面上將政權問題留待第二屆蘇維埃大會解決，也就使已然成功確立的雙元政權傳統得以發展、深化，爲全俄羅斯規模的布爾什維克起義備妥蘇維埃合法地位的框架。

我們並未以蘇維埃憲政的幻想催眠群眾，畢竟我們是在爲第二屆大會奮鬥的口號下爭取到革命軍的刺刀，並鞏固了其組織。除此之外，我們還將我們的敵人——妥協分子——引入蘇維埃合法性的圈套，得到超乎預期的成效。在政治上使出狡猾的手段，尤其在革命之中，總是危險的：只怕敵人沒上當，支持你的群眾卻被誤導。若說我們的「狡猾手段」得以百分之百成功，那是因爲它並非賣弄聰明的謀士爲了避免內戰而憑空虛構的詭計，而是妥協制度的瓦解和其極端的矛盾所衍生的自然結果。臨時政府希望擺脫衛戍部隊，但軍人們不想上前線。我們賦予了這個自然的不願意一種政治表達、革命的目標和「合法的」掩護。如此一來，我們保障了衛戍部隊內部絕對的團結一心，並將之與彼得格勒的勞工緊密地結合起來。相反地，我們的對手，因爲處境絕望、思緒混亂，容易對蘇維埃的掩飾信以爲眞。他們想要受騙上當，我們則給了他們十足的機會。

蘇維埃合法地位的鬥爭在我們和妥協分子之間展開。在群眾的意識之中，蘇維埃是政權的來源。克倫斯基、策列切利和斯科別列夫[117]皆是出身蘇維埃。但我們與蘇維埃也關係密切；我們主要的口號——一切權力歸於蘇維埃——便是連結所在。資產階級自國家杜馬繼承政權。妥協派——從蘇維埃繼承政權，但同時企圖使蘇維埃化爲烏有。我們——從蘇維埃繼承政權，但卻是爲了將權力交付蘇維埃。妥協分子還未能斷絕與蘇維埃的繼承關係，就急著建立由蘇維埃通往議會政治的橋梁。他們召開民主會議、建立預備國會的目的即是在此。蘇維埃參與預備國會就形同核准了這個路線。妥協分子試圖利用蘇維埃合法性使革命上鉤，得逞之後，又將革命拖上資產階級議會政治的軌道。

117 譯註：馬特維耶・伊凡諾維奇・斯科別列夫（Матвей Иванович Скобелев, 1885-1938）是社會民主運動者、孟什維克政治家，曾任第四屆國家杜馬代表、彼得格勒蘇維埃副主席、臨時政府勞動部長。

但我們也對利用蘇維埃合法性抱持興趣。在民主會議結束時，我們迫使妥協派同意召開第二屆蘇維埃大會。這次大會讓他們面臨極爲艱難的困境：一方面，在不放棄蘇維埃合法性的情況下，他們無法拒絕召開會議；另一方面，他們想必預見，從大會的組成看來，他們不可能從中得到任何利益。於是，我們更加堅決地訴諸第二屆大會，視之爲國家的主宰，而且集中一切的準備工作，支持、保護蘇維埃大會，對抗反革命勢力無可避免的謀害。若說妥協分子利用由蘇維埃產生的預備國會，以蘇維埃合法性誘使我們上鉤，那麼，我們同樣也以蘇維埃合法性應對——不過是透過第二屆蘇維埃大會。在以黨奪權的赤裸標語下組織武裝起義——是一回事，而打著捍衛蘇維埃大會權力的口號籌備，然後實現起義——完全是另外一回事。如此一來，將爭取政權的問題交由第二屆蘇維埃大會處理並不意味著懷抱天眞的希望，期待會議能夠自行解決政權問題。我們絕對不會認同這種對蘇維埃形式盲目的偶像崇拜。所有奪取政權的必要工作，不僅是政治的，還有組織、軍事技術的工作，皆是開足了馬力，緊鑼密鼓地進行。不過，這項工作的合法掩飾仍然是即將來臨、應該要解決政權問題的大會。在全線進攻的同時，我們保持了防守的假象。相反地，臨時政府——假使拿定主意認眞防守——則應該對蘇維埃大會展開攻勢，禁止會議召開，並藉此給予反對的一方對政府最爲不利的理由來發動武裝起義。除此之外，我們不只使臨時政府面臨不利的政治局面，更直接麻痺了政府本來就已經懶散、遲緩的思緒。這些人認眞相信，我們的目的是促成蘇維埃議會，是召開新的大會，並在席間通過新的政權決議——類似彼得格勒和莫斯科蘇維埃的決議。而在那之後，政府將會以預備國會和未來的立憲會議爲託辭迴避，並使我們陷入可笑的處境。最有智慧的小市民智者們即是抱持這樣的想法。關於這一點，克倫斯基的描述是不容爭辯的證明。他在回憶錄中提及，十月二十四至二十五日半夜，在他的辦公室裡，他與丹恩[118]等人對已經全面展開的起義曾經有過激烈的爭論。克倫斯基說道：

> 首先，丹恩告訴我，他們對情況的掌握比我充分得多，而且我受到我的「反動指揮部」影響，過度誇大了事件的情況。接著，他又提到，共和國蘇維埃大多數代表的決議儘管冒犯了「政府的尊嚴」，對於「轉變民眾心緒」卻有極大的助益，非常重要；這項決議「已經發揮了作用」，如今布爾什維克宣傳的影響力將會「急遽衰微」。另一方面，引用他的話說，在和蘇維埃大多數代表談判的過程中，布爾什維克自己也表明了「服從蘇維埃大多數意志」的意願；他們表示，準備好「明天就會」以一切手段平息「違背他們意志且未經他們同意而爆發的」起義。最後，丹恩提到，布爾什維克「明天就

會」（總是明天！）解散軍事指揮部。他並告訴我，我為了鎮壓起義所採取的所有手段只會「激怒群眾」，而且，整體來說，我的「干預」只會「阻礙蘇維埃多數代表與布爾什維克關於終結革命的談判的成功」……為了理解事情的全貌，必須補充的是，正當丹恩向我陳述這份出色的報告，「赤衛隊」[119]的武裝部隊接連占領了政府機關的建築。而幾乎就在丹恩和他的同志們離開冬宮[120]的同時，宗教部長卡爾達雪夫[121]在自臨時政府的會議返家途中，於百萬街（Миллионная

118 譯註：費奧多爾·伊里奇·丹恩（Федор Ильич Дан, 1871-1947）是革命者、孟什維克政治領袖。

119 譯註：赤衛隊（Красная гвардия）是由勞工、農民、哥薩克和軍人組成的志願軍隊，是布爾什維克在一九一七年革命期間和內戰初期的武裝力量。

120 譯註：冬宮（Зимний дворец）是沙俄帝王的宮殿，一九一七年二月革命之後成為臨時政府的所在地。

121 譯註：安東·弗拉基米爾洛維奇·卡爾達雪夫（Антон Владимирович Карташев, 1875-1960）是神學家、教會史學者、政治家，是神聖宗教會議（Святейший правительствующий синод）最後一位領袖（主席），曾任臨時政府宗教部長。

улица）上遭到逮捕，並立即被押至斯莫爾尼[122]，丹恩正是要返回那個地方，繼續和布爾什維克的和平對談。必須承認，當時布爾什維克的行動能量很強，技巧也相當好。在革命最激烈的時刻，當「紅軍」（красные войска）的行動遍及全城，某些預先受到指派的布爾什維克領袖成功地使得「革命民主派」的代表們視而不見、聽而不聞。這些高手們整夜都在就各式各樣的方案進行永無休止的爭辯，好像那些方案可以作為調解或中止起義的基礎。布爾什維克便是利用這樣的「談判」方法，為自己贏得了非常充裕的時間。而社會革命黨和孟什維克的軍事力量則未被及時動員。由此得證！[123]

正是如此：由此得證！正如我們在上述情況中所見，妥協分子徹徹底底地落入了蘇維埃合法性的圈套裡。事實上，克倫斯基的說法——某些布爾什維克特別受到指派，在即將終結起義一事上誤導孟什維克和社會革命黨人——是錯誤的。其實，那些最積極參與談判的布爾什維克眞的希望起義終止，並且相信根據各黨協議所建立的社會主義政府形式。但是，客觀而言，對於起義，這些談判者當然也有相當的功勞，他們以自己的幻想滋養了敵人的幻想。然而，他們的功勞之所以對革命有所助益，全是因爲黨不顧他們的建議和警告，以不屈的力量勇往直前，徹底實現起義。

這整個行動涵蓋的範圍極廣，唯有在大大小小的例外狀況配合之下，才得以成功。首先，不願繼續作戰的軍隊不可或缺。我們已經提及，如果在革命發生之時少了支離破碎、心懷不滿的數百萬農民軍隊，整個革命的

122 譯註：斯莫爾尼宮（Смольный институт）原為俄羅斯貴族女子學院，十月革命期間是布爾什維克的決策中心。

123 A．克倫斯基，《從遠方》（*«Издалека»*），第一九七—一九八頁。

過程——尤其在革命初期，自二月至十月之間——將會有截然不同的樣貌。只有在這些條件之下，對彼得格勒衛戍部隊的實驗才有可能成功，進而預先決定十月的勝利。這個獨特的組合——「毫無結果」、幾乎不被察覺的起義，以及爲了捍衛蘇維埃的合法地位與科爾尼洛夫及其同黨的對抗——不可能成爲某種法則。相反地，可以非常有把握地說，不論在何時何地，這個經驗都絕不可能以相同的形式再度發生。但必須仔細地研究這個經驗。這樣的研究將擴展革命者的視野，爲他揭示：當目標明確、對形勢的判斷精準、具備鬥爭到底的決心，有各式各樣的方法和手段可以應用在運動之中。

在莫斯科的起義耗時較久，犧牲也更爲慘重。在一定程度上，這可以歸因於莫斯科的衛戍部隊不如彼得堡的衛戍部隊——由於調度軍隊至前線的問題，早就有了革命的準備。我們已經提過，並且在這裡再一次說明，在彼得格勒，武裝起義分兩個階段進行：十月上半月，彼得格勒的軍隊服從蘇維埃完全合乎其自身意願的決議，拒絕執行總司令部的命令而未受懲處。十月二十五日，當時只需要小規模的追加起義，即可切斷二月國家體制的臍帶。而在莫斯科，起義只有一個階段。這或許就是莫斯科的起義較爲漫長的主因。然而，除此之外，還有另一個因素：領導者的決心不足。我們看見，在莫斯科先是自軍事行動轉爲談判，然後又再度訴諸武裝鬥爭。一般而言，若追隨者察覺了領導者的猶豫不決，在政治上是非常不利的，而在武裝起義的狀況下，這樣的動搖更是有致命的危險。統治階級已經失去了對自身力量的信心——否則完全不可能有勝利的希望——但是仍然把持著國家機器。革命階級的任務是掌握國家機器；爲此，對自身力量的信心不可或缺。黨既然引領勞動者走上了起義的道路，就應當由此做出所有必需的結論。「戰爭就是戰爭」：比起在其他任何場合，在戰場上最不能容許動搖和錯失時間。戰爭得要以短的尺度衡量。原地踏步，就算不過是幾個小時，可以使統治者恢復一些自信，而起義者則會失去一些。這個因素直接決定了勢力的對比關係，而對比關係又將影響起義的結果。必須從這個角度逐步地仔細研究在莫斯科的軍事行動和這些行動與政治領導的關係。

指出內戰發生的其他特殊情況也非常重要。舉例來說，國族即是使內戰更加複雜的因素之一。這類研究以仔細分析事實資料爲基礎，將會大大充實我們對內戰的運作機制的認識，協助我們闡述某些相當普遍的方法、規則與手段，藉此建立一套內戰的「法則」[124]。不過，在這樣的研究得到某些部分的結論之前，我們已經可以判定，彼得格勒的結果在極大的程度上預先決定了內戰在外省地方（в провинции）的發展過程，甚至連在莫斯科的延誤也沒有太大的影響。二月革命破壞了舊的國家機器，臨時政府繼承了它，但既無能更新，也無法鞏固。因此，在二月至十月之間，國家機器不過是官僚惰性的殘餘。外省的官僚習慣向彼得格勒看齊：二月如此，十月亦是如此。我們極大的優勢在於，我們準備推翻的政權還沒能來得及完全建立起來。「二月」的國家機器極端不穩而且缺乏自信，滋養了革命群眾和黨的信心，也使我們的工作容易許多。

一九一八年十一月九日之後，在德國和奧地利也出現了類似的情況。不過，在那裡，社會民主黨修補了國家機器的缺陷，協助建立了資產階級共和的政體。直到今日，這個體制仍然稱不上是穩定的典範，但卻也已經有六年的歷史。而其他的資本主義國家就不會有這個優勢，也就是說，資

124 見Л．托洛茨基，〈內戰問題〉（Вопросы гражданской войны），《真理報》，第二〇二期，一九二四年九月六日。

產階級革命和無產階級革命將不會如此接近。這些國家的「二月」早已是遙遠的過去。當然，在英國保存了不少封建制度的殘餘，但卻完全說不上什麼自主的資產階級革命。在英國的無產階級掌權之後，他們立刻就會爲國家掃除君主專制、王公貴族等等。在西方，無產階級革命的對象是已然成形的資產階級國家。但這還不意味著革命必須面對穩固的國家機器——畢竟無產階級起義的可能性，本身即是以資本主義政府早已開始的崩解進程作爲前提。若我們的十月革命是在與二月之後尚未完全建立的政府機器的鬥爭之中展開，那麼，在其他國家，起義將會和逐漸衰亡中的政府機器對抗。

一般來說，可以這麼假設——我們在第四屆共產國際大會[125]上便已經指出——與我們相比，在歷史悠久的資本主義國家，在前「十月」階段資產階級的抵抗力量往往會強大得多；無產階級也更難獲得勝利。不過，一旦掌握政權，無產階級的處境將會比我們在「十月」隔日所見的情況穩定、堅固得多。在我國，直到無產階級在主要的城市和工業中心掌權之後，內戰才眞正展開，並在蘇維埃政權最初的三年裡持續進行。許多跡象表示，在中、西歐國家，取得政權要困難得多，然而，在掌握了權力之後，無產階級也會更加自由。當然，這些關於未來前景的看法不過是假設。極大部分將會取決於歐洲各國革命發生的先後順序、軍事干預的可能、當時蘇聯的經濟和政治實力等等。然而，無論如何，我們主要的，而且，在我們看來不容爭論的想法如下：和我們相比，在歐洲和美洲，爭取政權的行動將會遭遇統治階級更嚴重、更頑強、計畫更周密的對抗。因此，我們更有責任確實地將武裝起義，更廣泛地說，把內戰視作一門藝術。

125　第四屆共產國際大會（IV конгресс Коммунистического интернационала）於一九二二年十一至十二月間在彼得格勒和莫斯科舉行。

VIII

再談無產階級革命中的蘇維埃和黨

不論是在一九〇五年或一九一七年，我們的勞工代表蘇維埃都是運動本身的產物，是其在鬥爭一定階段自然的組織形式。然而，或多或少視蘇維埃為「主義」、「原則」的歐洲新興政黨往往必須面對蘇維埃偶像崇拜的危險，也就是說，將蘇維埃看作革命中某種獨立而自足的因素。不過，儘管蘇維埃是爭取政權鬥爭的組織，具備極大的優勢，其他的組織形式

（工廠工會委員會[126]、職業工會）也可以是起義的基礎。如此一來，在起義的過程中，又或者甚至直到起義成功之後，蘇維埃才會出現，而且已是政權的機關。

從這個角度看來，列寧在七月事件之後發起的對抗蘇維埃組織形式偶像崇拜的鬥爭，具有極大的教育意義。既然社會革命黨和孟什維克的蘇維埃在七月成了公然驅使軍人進攻並且壓迫布爾什維克的組織，勞工群眾的革命運動就必須爲自己尋找其他的路線和管道。列寧曾經指定工廠工會委員會作爲爭取政權的鬥爭的組織[127]。若不是科爾尼洛夫的起事迫使妥協派蘇維埃轉趨自我防衛，並且透過右翼——也就是布爾什維克——將蘇維埃

126 譯註：工廠工會委員會（фабрично-заводский комитет，簡稱 фабзавком）是一九一七年二月革命之後各工廠的勞工組織。

127 關於這點，可以參考奧爾忠尼啓則同志的的回憶錄。（譯註：格利高里·康斯坦汀諾維奇·奧爾忠尼啓則〔Григорий Константинович Орджоникидзе, 1886-1937〕是喬治亞革命者、布爾什維克政治家。）

與大眾連結在一起，給了布爾什維克重新爲蘇維埃注入革命生息的機會，運動極有可能會循著這一條路線推進。

如德國不久之前的經驗所示，這個問題有非常大的國際意義。正是在德國，人們好幾次建立起蘇維埃——作爲起義機構，卻沒有起義；作爲政權機構，卻少了政權。於是，在一九二三年，工廠工會委員會成了組織廣大無產階級和半無產階級群眾運動的中心，**基本上**具備了我們的蘇維埃在取得政權的直接鬥爭之前所肩負的全部功能。然而，在八、九月間，某些同志們提出了以下的建議：立刻著手在德國建立蘇維埃。在漫長而激烈的爭論之後，這項提議遭到駁回。這個決定非常正確。既然工廠工會委員會實際上已經是革命群眾集結的中心，蘇維埃在準備階段只會成爲不具內容的平行組織，只會使心思自起義的物質任務（軍隊、警察、武裝部隊、鐵路等等）轉向獨立而自足的組織形式。另一方面，在起義之前建立與起義的直接任務無關的蘇維埃無異於公然宣告：「我要攻擊你們了！」因爲工廠工會委員會已經成爲廣大群眾聚集的中心，政府不得不「容忍」這些組織。然而，當局會打擊首先成立的蘇維埃，視之爲「圖謀」奪權的正式機構。共產主義者則不得不挺身而出，捍衛蘇維埃。對他們而言，蘇維埃是純粹的組織事業。於是，決戰將不會以取得或保衛物質單位爲目的，也不會在我們選擇的時刻——當群眾運動的條件催生起義時——發生。不，爭端會是組織形式、蘇維埃的「旗幟」，戰鬥將會在敵人選擇並強迫我們接受的時刻爆發。與此同時，顯而易見的是，工廠工會委員會已經成爲群眾組織，持續茁壯、鞏固，而且能夠爲黨保留操作起義時間的自由。這樣的組織形式可以非常成功地指揮起義的一切準備工作。可想而知，在一定的階段，蘇維埃必須出現。令人懷疑的是，在上述的條件之下，蘇維埃能否在戰火中出現，成爲起義的直接機構。畢竟，如此一來，恐怕會在最緊要的關頭建立兩個革命的中心。英國俗諺說，勿在越渡急流時換乘馬匹。取得勝利之後，蘇維埃很可能會在國內各個重要的據點建立起來。無論如何，建立蘇維埃作爲政權機關，是起義成功的必然結果。

別忘了，我們的蘇維埃早在革命的「民主」階段便已經成立，並在同一個時期大致上取得了合法的地位，後來由我們繼承、利用。在西方的無產階級革命中，這樣的情況不會再次出現。在那裡，蘇維埃大都會在共產主義者的號召之下建立，因此成爲無產階級起義的直接機構。當然，以下的情況也不無可能：在無產階級有能力取得政權之前，資產階級的國家機器已經瓦解得相當嚴重。建立蘇維埃成爲**準備起義的公開機構**的條件於是成立。但這樣的情形不大可能成爲通則。最有機會出現的狀況是，直到最後幾天，蘇維埃才得以建立，成爲起義群眾的直接機構。最後，蘇維埃很有可能在起義的轉折之後，又或者在其完畢之時，才終於出現，成了新政權的機關。必須將以上所有的可能都列入考量，才不會陷入盲目的組織崇拜，才不會使蘇維埃——本來應該是靈活而且具有生命的鬥爭形式——變成由外界介入運動、毀壞其正確發展的組織「原則」。

最近，在我們的報刊上出現了這樣的討論。意思大致上是，他們說，我們不知道英國的無產階級革命將會循著何種途徑進行：透過共產黨還是職業工會。這樣提出問題是在賣弄虛假的大歷史角度，抹殺了近年來的重要教訓，大錯特錯而且非常危險。如果在戰爭結束之際，並未出現成功的革命，那正是因爲缺少了黨。以上結論適用於整個歐洲。從各國革命運動的命運可以更加具體地觀察這個現象。就德國而言，情況非常清楚：假如具備適當的黨的領導，德國革命在一九一八和一九一九年皆有可能成功。一九一七年，我們在芬蘭的例子中也看到相同的情形：當地的革命運動在絕佳的狀況下發展，得到革命中的俄羅斯的掩護和直接的軍事支援。

但是，芬蘭的黨內大多數的領導者皆是社會民主派人士，他們斷送了革命。匈牙利的經驗也是相當明白的教訓。在那裡，共產主義者和社會民主黨左派並未爭取政權，而是自飽受驚嚇的資產階級手中得到了政權。成功了的匈牙利革命——沒有戰鬥，也沒有勝利——在起步之初便缺少戰鬥上的領導。共產黨和社會民主黨融合在一起，由此可見，儘管匈牙利無產階級具有相當堅強的戰鬥精神，但這個共產黨其實並非共產黨，也就沒有能力掌握如此輕易取得的政權。不論是少了黨、自外於黨、繞過黨，還是透過黨的替代品，無產階級革命皆不可能成功。這便是近十年來的重要教訓。沒錯，英國的職業工會可以成爲無產階級革命強而有力的槓桿；在一定的條件之下，在一定的時間之內，這些工會甚至能代替勞工的蘇維埃。然而，只有當共產主義的影響力在工會中成爲關鍵，工會才能扮演這樣的角色；工會不能將共產黨排除在外，更不能與之對立。爲了這個結論——

關於黨在無產階級革命中的角色和意義——我們付出了太昂貴的代價。因此，不能如此輕易地放棄這個結論，也不該低估其重要性。

自覺、預先的考量、計畫在資產階級革命中所扮演的角色，遠比在無產階級革命中應該扮演而且已經扮演的角色要小得多。資產階級革命的推動力量也是群眾，但與今日相比，組織性和自覺都要弱上許多。領導的權力掌握在資產階級的各個黨派手中，而資產階級基本上支配了財富、教育和與這些優勢相關的組織（城市、大學、報刊等等）。官僚君主體制憑藉經驗捍衛自己，一面摸索，一面行動。資產階級找到時機，利用基層的運動，一舉投入自身的社會力量並取得政權。無產階級革命的差異就在於，在革命之中，無產階級不僅是主要的攻擊力量，也是——以其先鋒爲代表——領導的力量。在資產階級革命當中，資產階級的經濟實力、教育水準、市政府和大學所扮演的角色，在無產階級革命之中，只有無產階級政黨能夠扮演。敵方的自覺大幅度地提高，無產階級政黨的角色也就更加重要。資產階級在掌權的幾個世紀以來所建立的政治學校要比舊的官僚君主政體的學校高明得多。如果對於無產階級來說，議會政治在一定的程度上是革命的預備學校，那麼對資產階級而言，議會政治更是反革命戰略的學校。這個事實便足以說明一切：資產階級透過議會政治培育了社會民主黨，亦即今日捍衛私有財產的主要堡壘。歐洲社會革命的時代，正如其最初的步伐所示，將不僅是激烈、殘酷的鬥爭時代，更會是考量周全、經過精密算計的戰鬥時代——和我們一九一七年的戰鬥相比，其計畫又更縝密得多。

也正因此，我們必須經由完全不同於以往的途徑思考內戰問題，其中也包括武裝起義。我們經常跟著列寧複誦馬克思的話：起義是一門藝術。然而，若未能以近年來累積的豐厚經驗爲基礎，研究內戰的藝術的重要元素，藉此補充馬克思的說法，這句話就成了空談。必須開門見山地說：看待武裝起義問題的膚淺態度證明了社會民主傳統的力量尚未被克服。若只看見內戰問題的表面，寄望著在必要的時刻，一切都能自然而然地以某種方法安排妥當，這樣的黨必敗無疑。一定要投入集體的力量，研究自一九一七年以來無產階級的戰鬥經驗才行。

＊＊＊

上文所提及的一九一七年間黨內集團組織的歷史亦是內戰經驗中極爲重要的一部分。此外，在我們看來，這個經驗對共產國際的整體政治也有直接的意義。我們已經提過，並在此再一次強調，絕對不能、不應該將研究黨內的意見分歧視爲對曾經施行錯誤政策的同志們的攻擊。然而，另一方面，若只是因爲黨內並非所有成員都踏著和無產階級革命一致的步伐，就刪去黨史最重要的一章，也是不被允許的。黨有能力了解、必須了解自己過去的一**切**，才得以正確地評價，並賦予所有事件適當的地位。革命政黨的傳統並非建立在含糊、迴避之上，而是奠基於批判的清晰、明朗。

歷史賦予了本黨無與倫比的革命優勢。和沙皇政權英勇鬥爭的傳統、與地下狀態關係密切的在革命中自我犧牲的技能和方法、對全人類的革命經驗廣泛的理論思考、和孟什維克主義的對抗、和民粹主義的對抗、和調和主義[128]的對抗、一九〇五年的偉大經驗和在反革命年間對此經驗的理論研究、透過一九〇五年革命教訓的視角對國際勞工運動的探討——這一切的總和以獨一無二的方式鍛鍊我們的黨，提供了高度的理論洞察力和無可比擬的革命氣魄。然而，即便在這樣的黨內，當決定性行動的時刻來臨，在黨的高層，仍然有一群經驗豐富的革命分子——老布爾什維克——自成一派，猛烈地反對無產階級政變。在革命最爲關鍵的階段，從一九一七年二月至大約一九一八年二月，他們在所有根本的問題上其實都採取了社會民主派的立場。爲了保護黨和革命，避免由此情況衍生的嚴重混亂，列寧在黨內極其特殊、且在當時就已經無人能比的影響力不可或缺。如果希望其他國家的共產政黨能從我們身上學到任何教訓，無論如何都不能忘記這一點。對西歐的各個政黨來說，選舉領導者的問題極爲重要。未能實現的德國「十月」就是再清楚不過的證明。但必須透過**革命行動**的視角進行這樣的選舉。這些年來，在德國，有相當多在直接鬥爭的時刻審視領導人物的機會。缺少了這項標準，其他的一切都不可靠。在法國，近年來比較少有革命的震盪，即便是局部的也不多見。但法國的政治生活中依舊有些內戰的火花，黨中央委員會和職業工會的領袖們不得不積極地回應迫切、

128 譯註：調和主義（примиренчество）指在政治上妥協、擱置或隱藏矛盾，與敵對勢力合作。

尖銳的問題（例如一九二四年一月十一日的流血集會）[129]。細心地研究這類的危急事件可以提供無可取代的材料，以便評價黨的領導，以及黨個別機關和領導者的作爲。忽視這些教訓，不從中取得關於選舉人才的必要結論——就是走向必然的失敗，畢竟少了具有洞察力、堅毅而勇敢的黨的領導，無產階級革命便不可能勝利。

黨，即便是最具革命精神的黨，不可能避免組織上的保守傾向，否則便會失去必要的穩定性。在這方面，一切都是程度上的差別。對革命政黨來說，些許的保守思想不可或缺，但必須與不因循守舊的全然自由、判定方向的主動態度和行動的無畏精神互相結合。這些特質往往會在歷史道路的轉捩點上面臨最嚴厲的考驗。在上文中，我們已經聽見，列寧曾經說過，就連最具革命特質的黨，在面臨形勢的劇變和由此衍生的任務改變時，經常會繼續循著昨日的路線前進，因此成爲——或恐怕會成爲——革命發展的阻礙。黨的領導機關最能體現其保守傾向和革命的主動性。與此同時，歐洲的共產政黨還未遭遇最急遽的「轉捩點」——自準備工作轉向奪取權力。這是最嚴峻、最迫切、責任最重、最令人生畏的轉變。錯過這個時刻，會是黨所能遭遇的最慘重的失敗。

對照我們自身的經驗，歐洲的經驗——尤其是德國近年來的鬥爭——告訴我們，兩種領袖往往會在黨必須大步躍進時，將黨向後牽制。其中一種領導者在革命的道路上大都看到艱難、阻礙和困擾，在評估每種狀況時，儘管不總是自覺的，但都受到先入爲主、迴避行動的意圖所影響。在他們看來，馬克思主義成了論證革命行動之不可能的方法。這個類型最爲純正的代表就是俄羅斯的孟什維克，但就其本身而言，並不局限於孟

129 譯註：指一九二四年一月十一日發生於巴黎的暴力事件。共產主義者與無政府工團主義者在共產黨的選舉集會上發生衝突，造成傷亡。此事件被視為法國共產主義者與無政府主義者分裂的關鍵之一。

什維克主義，而且會在最爲關鍵的時刻突然出現在最具革命精神的政黨中責任重大的職位上。另一種代表的特色則是膚淺的煽動性質。在一頭撞上之前，他們根本不會看見任何的阻礙和困難。當關鍵行動的時刻來臨，他們以巧妙辭令避開眞實阻礙的能力，和面對所有問題時極爲樂觀的態度（「大海也不過及膝」）[130]，必然會轉向完全相反的另一個極端。在第一種領導者，也就是本性拘泥小事的革命分子看來，奪取政權的困難不過是他在自己的道路上習以爲常的一切困難的累積與擴大。對於後者，膚淺的樂觀主義者而言，革命行動的困難總是突然出現。在準備階段，這兩類領導者的行爲模式各有不同：一種是懷疑論者，在革命上不能太依賴他；相反地，另一種則可能是瘋狂的革命分子。但在決定性的時刻，這兩種領導者會並肩攜手——反對起義。然而，所有的準備工作之所以有價値，是因爲這些工作使黨，尤其領導機構，有能力判定起義的時機並領導起義。畢竟共產黨的任務，就是取得政權以改造社會。

近來，經常有人談到或寫到「布爾什維克化」（большевизация）共產國際之必要。這項任務絕對不容爭論、確定無疑；在保加利亞和德國去年的殘酷教訓之後，這項任務更是顯得格外重要。布爾什維克主義不是一套學說（或說不僅只是學說），而是無產階級政變的革命教育系統。什麼是共產政黨的布爾什維克化？那是教育他們，是在他們之中選拔出領導者。這麼一來，當他們面臨自己的「十月」，才不會因膽怯而退縮。

> 這就是黑格爾，是書中的智慧，是一切哲學的意義……[131]

---

130 譯註：「大海也不過及膝」（море по колено）指對事情滿不在乎，因而無所畏懼。

131 譯註：此處作者引用德國詩人海因里希·海涅（Генрих Гейне, 1797-1856）的詩作〈教義〉（Доктрина）。

1919 年，列寧等領袖在莫斯科紅場慶祝十月革命兩週年。（L.Y. Leonidov/Wikimedia Commons / Public Domain）

1919 年 2 月，史達林、列寧和蘇維埃中央執行委員會委員長米哈伊爾・伊凡諾維奇・加里寧（Михаил Иванович Калинин）在共產黨（布爾什維克）第八次代表大會。列寧去世後，史達林故意向身在莫斯科的托洛茨基發布錯誤日期，使得托洛茨基錯過了列寧的喪禮。（Wikimedia Commons / Public Domain）

關於本書的幾句話

132

「民主」革命的第一階段自二月政變開始，直到四月危機和五月六日聯合政府在孟什維克與民粹派的參與之下建立，危機解決爲止。本書作者在五月五日聯合政府建立前夕才抵達彼得格勒，所以並未參與此第一階段的整個過程。關於革命的第一階段及其前景，我在美國撰寫的文章中已有著墨。我認爲，在所有重要問題上，這些文章的論點皆與列寧在《遠方來信》中對革命的分析非常一致。

自從來到彼得格勒的第一天起，我的工作就完全符合布爾什維克中央委員會的方向。當然，我徹底支持列寧的無產階級奪權的路線。列寧當時正在結束與打著「工農民主專政」口號的布爾什維克右派的第一階段鬥爭。對於農民問題，我與列寧的意見沒有任何分歧。在正式入黨之前，我參與草擬了一些以黨的名義發布的決議和文件。我延遲了三個月才正式入黨，唯一的理由在於，我希望加快布爾什維克與區聯派[133]的頂尖人士，和整體來說革命國際主義分子融合的速度。相同地，我的這項策略也和列寧

132 譯註：見註1。

133 譯註：即統一社會民主主義者區際組織（Межрайонная организация объединенных социал-демократов，成員簡稱 межрайонцы），一九一三年十一月成立，是一九一三至一九一七年間俄羅斯社會民主工黨的一支，企圖整合布爾什維克和孟什維克，主張建立統一的政黨。一九一七年，該組織併入布爾什維克政黨。

的理念完全一致。

本書的編輯提醒我，在當時一篇爲了促進團結而作的文章中，我曾經指出布爾什維克在組織上的「派系習性」（кружковщина）。某個深思熟慮的誦經者[134]，好像是索林同志[135]，當然迫不及待直接將這個說法和關於黨章第一條的意見分歧[136]連結起來。我認爲，沒有必要就此爭論——畢竟，在言論上和行爲上，我都已經承認過自己眞正的、重大的組織錯誤。不過，關於我在那個時刻的非常特定的狀況下的言詞，較爲通情達理的讀者可以找到非常簡單而且直接的解釋。在區聯派的勞工之間，還遺留了過去對彼得格勒委員會的組織政治非常強烈的不信任。在區聯派成員之間「派系習性」的論據——在類似的情況下總是如此，指向一切的「不公義」——非常廣爲流傳。在文章中，我的反對意見如下：派系習性的確存在，是過去的遺緒，但爲了減緩這個現象，區際組織不能繼續獨立存在。

我曾向第一屆蘇維埃大會提出純論辯性質的「建議」：建立由十二位別什霍諾夫組成的政府[137]。在某些人——像是蘇哈諾夫[138]——看來，這項提議要不是出於我對別什霍諾夫個人善意的表現，就是某種不同於列寧路線的主張。這當然是一派胡言。當本黨要求由孟什維克和社會革命黨領導的

134 譯註：誦經者（дьячок）指俄羅斯東正教會中不具神職身分的低階助手，主要參加唱詩活動，唱誦聖經中有關詩篇和經文。

135 譯註：弗拉基米爾·戈爾傑耶維奇·索林（Владимир Гордеевич Сорин, 1893-1944）為政治家、歷史學家。

136 譯註：一九〇三年，在俄羅斯社會民主工黨第二屆代表大會上，列寧和馬爾托夫對黨章第一條——黨員身分認定——有所爭論。馬爾托夫持較為開放的立場，列寧則堅持權力集中的主張。此意見分歧亦是社會民主工黨分裂的主因之一。

137 譯註：阿列克謝·瓦西里耶維奇·別什霍諾夫（Алексей Васильевич Пешехонов, 1867-1933）是俄羅斯經濟學家、記者、政治家，曾任臨時政府糧食部長。第一屆全俄工兵蘇維埃代表大會上，托洛茨基曾在別什霍諾夫發言後說道，「我和他屬於不同政黨。但若有人告訴我，內閣將由十二位別什霍諾夫組成，我會說，這是向前邁進了一大步。」

138 譯註：尼古拉·尼古拉耶維奇·蘇哈諾夫（Николай Николаевич Суханов, 1882-1940）為革命者、孟什維克政治家、作家。

蘇維埃爭取政權，即是同時「要求」建立由別什霍諾夫們組成的內閣了：說到底，別什霍諾夫、切爾諾夫和丹恩根本沒有任何原則上的差異。在促成政權自資產階級轉交無產階級一事上，他們全都一樣合適。又或許，別什霍諾夫對於統計比較擅長一些，與策列切利和切爾諾夫相比，給人多一點精明能幹的印象。一打別什霍諾夫意味著由一打小資產階級民主代表組成的政府，而非聯盟。當彼得格勒的群眾在本黨的領導之下提出「十個資本主義者部長滾蛋」的口號，他們等於是要求孟什維克和民粹派分子擔任這些職位。

資產階級民主派先生們，趕走立憲民主黨人，拿下政權，在政府裡安排十二位（或看有多少）別什霍諾夫，而我們將承諾，當時候來臨，我們會盡可能「和平地」撤除你們的職位。而時候應該就快要到來了。

這裡沒有任何特定的路線——那是列寧不只一次闡明的路線。

我認爲有必要特別強調本書編輯連茨涅爾（Ленцнер）同志的警告：書中相當大部分的話語不是從——哪怕是不好的——速記資料摘錄，而是引用自孟協派報刊記者半無知、半居心不良的記述。粗略地看過一些此類的文件之後，我只好打消了自己本來的計畫——哪怕是能稍微校正、補充也好。就保持原貌吧：儘管是「另一邊的」，這些資料也是獨特的時代文件。

若少了連茨涅爾同志細心、出色的編輯工作，這本書便不可能出版。他也爲本書做了註解。還有他的助手們：格勒爾（Геллер）同志、克利札諾夫斯基（Крыжановский）同志、羅文斯卡雅（Ровенская）同志和И·

盧米爾（Румер）同志。

在此，我向所有人致上同志的謝意。

我想特別一提的是，我最親近的同事M．C．格拉茲曼[139]在這本書，以及我的其他著作的準備過程中完成了艱巨的工作。他是一位傑出的同志、卓越的工作者、極好的人。在書寫這些字句的同時，我爲他悲劇性的亡故感到莫大的悲傷。

Л．托洛茨基

基斯洛沃茨克（Кисловодск）

一九二四年九月十五日

---

139 譯註：米哈伊爾．所羅門諾維奇．格拉茲曼（Михаил Соломонович Глазман, ?-1924）是托洛茨基的秘書、速記員，曾擔任革命軍事委員會秘書。他於一九二四年九月一日遭到開除黨籍，翌日自殺身亡。

1918至1920年內戰期間，托洛茨基經常搭乘特製的裝甲火車穿梭俄羅斯各地演講，組織兵力，鼓吹革命，火車成為他的宣傳工具。上圖：托洛茨基在火車車廂內與客人會面。（Wikimedia Commons / Public Domain）